MORGAN HOUSEL

A ARTE DE GASTAR DINHEIRO

ESCOLHAS SIMPLES PARA
UMA VIDA EQUILIBRADA

Tradução
Bruno Fiuza

HARPER BUSINESS

Rio de Janeiro, 2025

Publicada mediante acordo com Portfolio, um selo Penguin Publishing Group, uma divisão da Penguin Random House LLC.

Título original: *The Art of Spending Money*

Copidesque	Laura Folgueira
Revisão	Aline Graça e Thaís Carvas
Design de capa	Adaptado do projeto original
Adaptação de capa	Guilherme Peres
Imagem de capa	kh_art / iStock pela Getty Images
Diagramação	Abreu's System

Dados Internacionais de Catalogação na Publicação (CIP)
(Câmara Brasileira do Livro, SP, Brasil)

Housel, Morgan
A arte de gastar dinheiro: escolhas simples para uma vida equilibrada / Morgan Housel; tradução Bruno Fiuza. – Rio de Janeiro: Harper Business, 2025.

Título original: *The Art of Spending Money*
ISBN 978-65-5511-765-3

1. Dinheiro – Aspectos psicológicos 2. Educação financeira 3. Finanças pessoais 4. Gastos 5. Orçamento 6. Riqueza I. Título.

25-290554 CDD-332.6

Índice para catálogo sistemático:
1. Educação financeira: Economia 332.6
Bibliotecária responsável: Eliete Marques da Silva – CRB-8/9380

Harper Business é uma marca licenciada à Casa dos Livros Editora LTDA.

Rua da Quitanda, 86, sala 601A – Centro
Rio de Janeiro/RJ – CEP 20091-005
Tel.: (21) 3175-1030
www.harpercollins.com.br

Para Kellie, o unicórnio

SUMÁRIO

NOTA DO AUTOR

Quando escrevi *A psicologia financeira*, eu queria explorar como pensamos sobre riqueza e investimentos — como as emoções e as pressões sociais influenciam decisões que fingimos ser puramente racionais.

Este livro, *A arte de gastar dinheiro*, é uma sequência natural.

Enquanto *A psicologia financeira* fala de como acumular riqueza, *A arte de gastar dinheiro* se concentra em como usá-la.

Nenhum dos dois livros lhe diz o que fazer com seu dinheiro, porque cada pessoa é diferente. Mas ambos procuram entender o que acontece em nossa cabeça quando o usamos. E, nesse ponto, somos muito mais parecidos.

A mesma ideia geral se aplica às duas obras: dinheiro tem menos a ver com números e mais com histórias — aquelas que contamos a nós mesmos sobre o que importa, o que nos faz feliz e como medimos o sucesso.

Gastar dinheiro é mais arte do que ciência. Não existe uma fórmula universal nem regras fixas. O que traz alegria para uma pessoa pode deixar outra se sentindo vazia. Portanto, assim como no caso dos investimentos, a compreensão das nossas emoções — nossos vieses, esperanças e medos — pode nos guiar para escolhas mais inteligentes. Escolhas que refletem quem somos, o que valorizamos e como queremos viver.

Se *A psicologia financeira* nos ensinou a conquistar o livre-arbítrio, este livro ensina a aproveitá-lo ao máximo.

Vamos lá.

INTRODUÇÃO:
A busca pela vida simples

CERTA VEZ, o dr. Dan Goodman realizou uma cirurgia ocular LASIK em uma mulher que queria se livrar dos óculos. A paciente voltou para um check-up algumas semanas depois, desanimada. Ela disse que a cirurgia havia arruinado sua vida.[1]

Não tinha dado nada errado com o procedimento — ela conseguia enxergar perfeitamente sem óculos pela primeira vez em anos.

Goodman a questionou: "Então, qual é o problema?".

A paciente disse que esperava que, depois de abandonar os óculos, seu marido fosse achá-la mais atraente, e seus colegas de trabalho fossem achá-la mais inteligente. Quando percebeu que isso não tinha acontecido e que o amor e o respeito não eram motivados por algo superficial como óculos, ela ficou arrasada.

"Você tem um problema com o qual não posso ajudar", disse Goodman. "Lamento por não ter percebido isso antes."

É surpreendente ver alguém conquistar o que sempre quis, mas perceber que a felicidade é mais complicada do que imaginava.

E, puxa, como isso é verdade quando se trata de dinheiro.

Há um velho ditado que diz que nada é pior do que ter aquilo que se quer, mas não aquilo de que se precisa. Isso resume a relação de muitas pessoas com o dinheiro e o sucesso. Se você tiver a sorte de conseguir o que quer (dinheiro), talvez acabe percebendo que precisava de outra coisa (família, amigos, saúde, fazer parte de algo maior). E, então, você se sente frustrado. O que poderia ser pior?

Este livro fala sobre como gastar dinheiro tem pouco a ver com planilhas e números, e muito a ver com psicologia, inveja, aspirações sociais, identidade, insegurança e outros assuntos que muitas vezes são ignorados em finanças.

Dinheiro pode comprar felicidade? Sim.

Gastar dinheiro pode tornar você mais feliz? Sim.

No entanto, é mais complicado do que a maioria imagina. Em meio aos números, gráficos e dados, sobrevivem o caos e o absurdo da mente humana. O dinheiro é uma ferramenta extraordinária que pode proporcionar uma vida melhor se você souber usá-lo. Mas saber usá-lo é bem diferente de saber conquistá-lo.

Winston Churchill disse uma vez que tirava mais proveito do álcool do que o álcool tirava dele. Seguindo a mesma lógica: já vi pessoas ricas cujo dinheiro lhes tirou mais proveito do que elas dele, porque passaram a vida buscando dinheiro desesperadamente, sem qualquer noção de como usá-lo para serem mais felizes. Também já vi gente de baixa renda obter um valor tremendo do pouco dinheiro que tinha, usando-o como um meio de alavancagem para adquirir mais daquilo que a fazia feliz.

O que importa não é necessariamente quanto dinheiro você tem, e sim se você entende e é capaz de controlar a psicologia e os comportamentos que podem tornar a conexão entre dinheiro e felicidade mais complicada do que supomos.

Há muitas formas pelas quais isso pode afetar a sua vida.

Pense no jovem sem dinheiro que compra um carro que não pode pagar porque acha que isso trará respeito e admiração de seus colegas.

Ou em alguém que economizou diligentemente a vida inteira e não consegue gastar uma quantia razoável na aposentadoria porque ser "poupador" se tornou parte de sua identidade.

Ou no jovem casal que está economizando para dar entrada em uma casa de dois quartos cujas expectativas são subitamente infladas por um amigo que acabou de comprar uma de três.

A empresária rica que nunca sente que tem o suficiente.

O trabalhador que tem um salário baixo e sente que tem o bastante.

Nenhum desses temas tem a ver com planilhas ou números. São muito mais confusos. Envolvem psicologia, sociologia e a compreensão de como cada um é diferente. Entender que todos nós estamos apenas tentando viver da melhor forma possível, dando sentido ao mundo com base nas experiências que tivemos, em quem queremos ser e no que achamos que os outros pensam a nosso respeito.

Na sala de aula, as finanças são ensinadas como ciência, com fórmulas claras e conclusões lógicas. Mas, no mundo real, o dinheiro é uma arte.

Durante a faculdade, eu trabalhava como manobrista em um hotel cinco estrelas em Los Angeles. Um dia, organizamos uma exposição de móveis de alto padrão exclusiva para convidados da elite endinheirada da cidade.

Um homem foi andando até o balcão do manobrista enquanto contava a um amigo que havia acabado de gastar 21 mil dólares em uma poltrona. Vários dos meus colegas e eu o ouvimos e ficamos atônitos. Gastar tanto dinheiro em uma poltrona — uma *poltrona* — era inconcebível para nós.

O cara viu nossas expressões perplexas e disse: "Rapazes, eu sei. É uma loucura. Mas, quando a gente tem dinheiro, é isso que tem que fazer".

Achei muito interessante essa escolha de palavras. "Que *tem que* fazer." Será que ele realmente gostava da poltrona? Ou estava seguindo cegamente o que a sociedade dizia que ele deveria gostar e como deveria gastar seu dinheiro?

Me lembrei então de pensar, sendo um jovem de 19 anos que desejava ser rico: será que é isso que *eu* vou ter que fazer um dia? Devo estudar longas horas na faculdade e trabalhar por décadas para poder dizer aos meus amigos que comprei uma poltrona feia que custa o equivalente à metade da renda de uma família média?

Será que isso realmente me deixaria mais feliz?

Enquanto processava tudo aquilo, lembro que minha reação passou de ficar espantado para achar graça, e quase senti pena do cara.

Conheci muitas pessoas como ele. Parecia que muitas delas saíam em busca de riqueza de forma irracional sem ao menos saber exatamente por quê, a não ser o desejo primordial de ter mais. Elas eram muito boas em ganhar dinheiro. Mas sua capacidade de transformá-lo em uma vida significativamente melhor era, no máximo, instável.

É claro que existe outro caminho. Muita gente descobriu como usar o dinheiro como uma ferramenta para proporcionar coisas que realmente as tornam mais felizes. Mas o ricaço da poltrona estava certo: o que a sociedade nos diz que devemos fazer com o dinheiro nem sempre é o que deveríamos fazer para tirar o máximo proveito dele.

Não temos culpa. Uma combinação de evolução e forças sociais nos diz — e muitas vezes grita — o que devemos querer:

mais dinheiro do que os outros, coisas maiores que as dos outros, brinquedos mais bonitos que os dos outros. Às vezes, é isso *mesmo* que queremos, e é isso que devemos buscar. Porém, com muita frequência, percebemos que gastar dinheiro para mostrar às pessoas quanto dinheiro temos é uma forma muito rápida de irmos à falência e um modo muito caro de conquistarmos respeito. O resultado, geralmente, é a decepção.

No entanto, acho que você pode usar o dinheiro para construir uma vida melhor.

Acho que comprar coisas boas pode lhe trazer alegria.

Adoro a ambição, o trabalho duro e, acima de tudo, a independência.

Mas, depois de escrever sobre dinheiro por duas décadas, ainda me surpreendo com o quanto a maioria de nós tem dificuldade em saber o que quer do dinheiro ou como usá-lo como algo mais do que uma referência de status e sucesso. E quero deixar claro: a maior parte deste livro são reflexões que tive tentando entender o papel do dinheiro e da felicidade na minha própria vida.

Se você perguntar a pais o que eles desejam para os filhos, muitos dirão: "Eu só quero que eles sejam felizes".

Você quer que eles sejam ricos e bem-sucedidos? "Bem, claro", dirão, "mas, principalmente, quero que sejam felizes."

É um ótimo pensamento. Mas muitos desses mesmos pais, em sua própria vida, buscam dinheiro e status às custas da felicidade. Talvez o motivo pelo qual os pais desejem felicidade, em vez de sucesso, para os filhos seja o fato de terem visto as desvantagens de buscar cegamente um em detrimento do outro.

Certa vez, perguntaram a Carl Jung, um dos psicólogos mais influentes de todos os tempos: "O que você considera como fatores mais ou menos básicos que contribuem para a felicidade na mente humana?". Jung fez uma lista:[2]

1. Boa saúde física e mental.
2. Bons relacionamentos pessoais e íntimos, como casamento, família e amizades.
3. A capacidade de perceber a beleza na arte e na natureza.
4. Um padrão de vida razoável e um trabalho satisfatório.
5. Um ponto de vista filosófico ou religioso capaz de lidar com êxito com as vicissitudes da vida.

Veja que ter dinheiro pode afetar alguns desses pontos. Mas o dinheiro em si — principalmente em grande quantidade — não é um deles.

Este livro não vai ensinar você como gastar dinheiro. Se eu (ou qualquer um) pudesse fazer isso, ele seria intitulado *A ciência de gastar dinheiro.*

No entanto, estou mais interessado na *arte* de gastar dinheiro. A arte não pode ser destilada em uma fórmula única que sirva a todo mundo. A arte é complicada, muitas vezes contraditória, e pode ser uma janela para sua personalidade. A arte de gastar dinheiro abrange aspectos como individualidade, ganância, ciúme, status e arrependimento. É disso que trata este livro.

Procurei abordar a arte de gastar dinheiro de vários ângulos. Mas você vai encontrar alguns denominadores comuns:

1. Existem duas formas de se usar o dinheiro. Uma é como uma ferramenta para uma vida melhor. A outra é como uma medida de status para se comparar com os outros. Muitas pessoas aspiram à primeira, mas passam a vida correndo atrás da segunda.

2. O dinheiro é uma ferramenta que você pode usar. Mas, se não tomar cuidado, é ele que vai usar você. Ele o usará sem piedade e, muitas vezes, sem que você perceba. Para muitas pessoas, o dinheiro é ao mesmo tempo um ativo financeiro e um passivo psicológico. O desejo cego por mais pode tomar conta da sua identidade, controlar sua personalidade e excluir as partes da sua vida que mais proporcionam felicidade.

3. Dinheiro pode comprar felicidade, mas o caminho nem sempre é reto. Dinheiro em si não compra felicidade, mas pode ajudá-lo a encontrar independência e propósito — ambos ingredientes fundamentais para uma vida mais feliz, se cultivados. Uma casa grande e bonita pode deixá-lo mais feliz, mas principalmente porque torna mais fácil receber amigos e familiares, e são essas pessoas que de fato trazem felicidade.

4. A felicidade duradoura está na alegria, portanto, as pessoas que são mais felizes com o dinheiro tendem a ser aquelas que encontraram uma forma de parar de pensar nele. Você pode valorizá-lo, apreciá-lo e até mesmo se maravilhar com ele. Mas se o dinheiro nunca sai da sua cabeça, é provável que você tenha se tornado obcecado, e então é ele que controla você. O melhor uso do dinheiro é como ferramenta para alavancar quem você é, nunca para definir sua identidade.

5. Se você está confuso em relação ao que seria uma vida melhor, "uma vida com mais dinheiro" é uma suposição

óbvia. Mas, às vezes, isso pode mascarar problemas mais profundos. O dinheiro é tão tangível que é uma meta fácil de ser almejada, e ir atrás dele pode se tornar o caminho de menor resistência para aqueles que ainda não descobriram o que realmente alimenta sua alma.

6. Todo mundo pode gastar dinheiro de uma forma que traga felicidade. Mas não existe uma fórmula universal para isso. As coisas boas que me fazem feliz podem parecer loucura para você e vice-versa. Os debates sobre o tipo de estilo de vida que você deve ter geralmente são apenas pessoas com diferentes características falando sem se escutar. O autor Luke Burgis coloca essa questão de outra forma: "Depois de satisfazer nossas necessidades básicas como criaturas, entramos no universo humano do desejo. E saber o que se quer é muito mais difícil do que saber o que se precisa".[3]

Em seu livro de 1907, *The Quest of the Simple Life*, William James Dawson escreve sobre como muitos de seus colegas em Londres dedicavam a vida ao dinheiro e ao sucesso, mas ainda assim pareciam infelizes. Em comparação, aqueles que levavam uma vida simples no campo pareciam mais alegres.

Sua principal observação foi que os que tentavam conseguir mais dinheiro acabavam, na verdade, aprisionados por ele. Estavam tão obcecados pela riqueza que ela controlava sua sanidade, seus relacionamentos e sua qualidade de vida. O que eles acreditavam ser uma estratégia para viver melhor muitas vezes se tornava uma ideologia à qual estavam presos, como uma ditadura invisível. Eles queriam ter mais dinheiro para poderem ser mais felizes. Mas o dinheiro podia lhes dar tudo, exceto a capacidade de não ficarem obcecados por ele, o que provocava uma ansiedade constante, que levava à infelicidade. Era um círculo vicioso. E a maioria estava cega para esse fato.

Às vezes, as coisas com as quais você gasta dinheiro têm tanta influência sobre seu comportamento que não fica claro se você é o dono delas ou se elas é que são donas de você. Benjamin Franklin colocou isso muito bem quando escreveu: "Muitos homens pensam que estão comprando prazer, quando na verdade estão se vendendo como escravos dele".[4]

Dawson escreveu que a vida ideal era uma vida simples. Uma vida simples ainda pode ser extravagante, com casas elegantes, luxos e brinquedos em abundância. Mas é simples no sentido de que o dinheiro serve a você, e não o contrário. O tipo de estilo de vida que você escolhe quase não importa. O que importa é que você de fato o escolha, em vez de ficar viciado no mero apelo dele. Dawson escreveu que seu objetivo não era "ganhar a vida" no sentido financeiro, mas no sentido literal, e somente um idiota sacrificaria sua vida real pela busca incessante de uma vida melhor imaginária.

A busca por sua própria vida simples — seja lá como você decida vivê-la — começa com uma profunda compreensão e um profundo exame de si mesmo. É por aí que vamos começar, no próximo capítulo, com uma história sobre como entender crianças desajustadas.

Todo comportamento faz sentido quando há informação suficiente

---

A maioria dos debates sobre no que vale a pena gastar dinheiro são, na verdade, apenas pessoas com diferentes experiências de vida falando sem se escutar.

Uma pergunta muito importante que eu adoro é: o que você vivenciou que eu não vivenciei, e que o faz acreditar no que você acredita? Eu teria a mesma crença se tivesse passado pelo que você passou?

Isso se aplica a tantas coisas na vida. Inclusive ao dinheiro.

O ponto mais importante quando falamos sobre como gastar dinheiro, e que costuma ser a maior causa de frustração e decepção, é que não existe uma forma "certa" de fazer isso. Não existem leis universais sobre o tipo de gasto que deixa todo mundo feliz e realizado.

Aquilo em que eu gosto de gastar pode não fazer sentido para você. Meus medos podem ser suas alegrias. Sua meta pode ser a coisa que eu mais quero evitar.

Há um ditado que diz: "Jamais deboche de alguém por pronunciar uma palavra errado, pois isso significa que essa pessoa a aprendeu lendo". Daí, podemos tirar: "Jamais deboche da forma como alguém gasta seu dinheiro, porque essa pessoa aprendeu isso vivendo".

Todo mundo é fruto de seu próprio e único passado. Para entender por que as pessoas gastam dinheiro do jeito que gastam, é preciso se aprofundar em suas experiências de vida.

Meu cunhado é assistente social. Ele trabalha com crianças dos níveis mais baixos e extremos de pobreza, vindas de lares disfuncionais, que vivem saindo e voltando do sistema de adoção.

Muitas dessas crianças têm dificuldades na escola. Elas se comportam mal. Faltam às aulas. Não prestam atenção. Arrumam briga no recreio. Não conseguem se concentrar no futuro.

É fácil para as pessoas não apenas criticarem o comportamento dessas crianças como também balançarem a cabeça em sinal de espanto.

"Por que você está agindo assim? Por que não consegue entender que, se você se comportar melhor, terá um futuro melhor? Como é que você foi capaz de pensar que fazer isso era uma boa ideia?"

Mas há um ditado dentro do sistema de adoção: "Todo comportamento faz sentido quando há informação suficiente".

Quando você entende com o que algumas dessas crianças lidaram em casa — a incerteza, a falta de segurança, de amor e de atenção —, o comportamento delas começa a fazer sentido. Elas passam o tempo todo em modo de sobrevivência e nunca aprenderam algumas das habilidades sociais básicas que para outras crianças são óbvias.

Não queremos incentivar nem justificar o comportamento delas. Mas, vendo o mundo pelos seus olhos, dá para entender rapidamente por que alguém toma decisões que parecem estranhas para você e para mim.

Todo comportamento faz sentido quando há informação suficiente — inclusive as diferentes maneiras de gastar dinheiro.

No final da década de 1920, os Estados Unidos estavam terminando um ciclo social e econômico completo. A devastação da

Primeira Guerra Mundial foi seguida por uma recessão arrasadora. E então, após uma década de miséria, as pessoas puderam — finalmente — desfrutar de um boom econômico que deu origem ao termo "Os loucos anos 1920".

"Loucos" não faz jus — foi uma verdadeira festa. Por uns bons cinco anos, a economia foi alimentada por empréstimos a baixo custo, uma bolha no mercado de ações e bebidas alcoólicas contrabandeadas.

Em junho de 1928, o colunista Robert Quillen escreveu uma chamada de jornal que, em quatorze palavras, descrevia algo ao mesmo tempo simples e fundamental:[1]

> Quanto mais desprezado você foi quando pobre, mais se deleita ao ostentar sua riqueza.
>
> Por Robert Quillen

Era isso mesmo. Grande parte do desejo, no final da década de 1920, de ostentar riqueza com carros novos, roupas novas e brinquedos novos foi motivado por uma reação à pobreza e à incerteza que a haviam precedido.

Quando em determinado momento você se sente preso e, de repente, se sente liberado, uma reação comum é correr freneticamente para recuperar o tempo perdido. O historiador Frederick Lewis Allen escreveu sobre essa época:

> Como o veranista subitamente liberado, o país achou que deveria aproveitar mais do que estava aproveitando, que a vida era fútil e que nada tinha muita importância. Mas, nesse meio-tempo, também poderia se divertir — fazer como a multidão, ter os mesmo brinquedos novos com que a multidão estava brincando.[2]

As pessoas pareciam justificar os gastos insanos e insustentáveis como uma compensação para o fato de terem sido desprezadas e oprimidas durante os anos difíceis. Parecia que estavam corrigindo um erro, como se estivessem se vingando. Elas não estavam gastando descontroladamente por terem analisado os números e chegado à conclusão de que era a coisa certa a ser feita. Estavam tentando curar uma ferida emocional.

Esse comportamento é atemporal e explica muita coisa.

Um parente próximo cresceu extremamente pobre e em um lar desestruturado, oprimido em todos os sentidos. Depois, tornou-se um empresário bem-sucedido. Quando sua filha estava se preparando para entrar na universidade, ele lhe disse: "Escolha a mais cara na qual passar". Mandar a filha para uma faculdade cara era um símbolo tão forte do que ele havia superado que, na cabeça dele, era quase como se preferisse pagar o preço mais absurdo que pudesse. A mensalidade alta era como um troféu social que o fazia se sentir bem com o arco narrativo de sua vida.

Se você não cresceu sendo desprezado, ou se foi desprezado de uma outra forma, isso pode não fazer sentido. Mas a questão é: muitos gastos não fazem sentido até que você desvele as camadas da personalidade de uma pessoa e identifique o que ela está tentando conquistar ou o buraco que está tentando preencher.

O modo como seu passado influencia suas decisões de gastos pode se manifestar de diferentes formas, com resultados opostos, dependendo da pessoa. Tiffany Aliche — ex-professora pré-escolar que se tornou uma educadora financeira de grande sucesso — disse certa vez que sofre de "transtorno da falência pós-traumática". Isso fez com que fosse difícil para ela gastar sua nova riqueza. "Vivi sem dinheiro por tanto tempo, e foi tão difícil, que tenho medo de voltar para lá", explica.[3]

Se você quiser entender os hábitos de consumo — seus ou dos outros —, terá de começar por compreender que as pessoas não gastam dinheiro apenas em coisas que acham divertidas ou úteis. As decisões delas geralmente refletem suas experiências sociais e psicológicas. E como as experiências de vida variam drasticamente de uma pessoa para outra, o que faz sentido para você pode parecer loucura para mim, e vice-versa.

Gastar rios de dinheiro para conquistar um diploma universitário pode parecer um desperdício para um, uma exigência inegociável para outro e o sinal definitivo de ascensão social para um terceiro. O mesmo produto tem significados muito diferentes para pessoas diferentes.

Para alguém que cresceu em uma família abastada e com dinheiro que vem de gerações, uma Lamborghini pode ser um símbolo cafona de egolatria; para quem cresceu sem nada, pode servir como o atestado definitivo de que você chegou lá.

Ninguém deve fingir que existe uma resposta certa para essas perguntas, pois elas atendem a necessidades psicológicas diferentes de pessoas diferentes.

Um advogado que trabalha cem horas por semana e odeia seu emprego pode ter o desejo de gastar de maneira frívola em uma tentativa de compensar a infelicidade que passa para ganhar seu salário. Nunca vi o dinheiro "queimar" o bolso de alguém mais rápido do que o de um banqueiro de investimentos recebendo seu bônus anual. Após doze meses de modelagem de dados no Excel até as três da manhã, você tem o desejo de provar a si mesmo que tudo valeu a pena, compensando o que sacrificou. É como uma pessoa que fica debaixo d'água por um minuto — ela não respira calmamente quando volta à superfície; ela ofega. Gastar demais é como ofegar. Por falar nisso, percebi que os mais capazes de adiar a gratificação geralmente são aqueles que gostam de seu trabalho. O salário pode ser bom, mas não existe o desejo de compensar o esforço com gastos enormes.

O mais importante em tudo isso: a maioria dos debates sobre no que vale a pena gastar dinheiro são, na verdade, apenas pessoas com diferentes experiências de vida falando sem se escutar. Quanto você deve gastar e por que os outros gastam como gastam são coisas que começam a fazer sentido quando se entende que quem teve uma vida diferente da sua quer coisas diferentes das que você quer.

Acho que é um sinal de profunda imaturidade pensar que, por você gostar de gastar seu dinheiro de determinada forma, os outros também deveriam gostar. É um sinal de profunda imaturidade pensar que, por você não valorizar determinada coisa, ninguém mais deveria fazê-la. Não é assim que o mundo funciona. O que é um gasto razoável e gratificante para você pode parecer inútil para mim. O que é fundamental para mim pode parecer um desperdício para você.

O engenheiro de software Billy Markus diz: “As pessoas não são racionais. Elas racionalizam. Depois que você entende esse simples fato, todo comportamento humano, por mais estranho que seja, passa a fazer muito mais sentido”.[4]

É por isso que gastar dinheiro deve ser visto como uma arte, não como uma ciência. Não há respostas universais sobre como fazer isso nem sobre o que vale a pena. O melhor que podemos fazer é chegar a um amplo entendimento de como a mente das pessoas pode ser variada e como são variadas nossas preferências na hora de gastar.

A psicóloga Lisa Feldman Barrett estuda a origem das emoções.

A visão clássica da psicologia é que as emoções estão profundamente enraizadas desde o nascimento, resultado de eras de evolução que ditam que o que é assustador, engraçado ou ofensivo para mim deve ser para você também — e para todos os seres humanos.

Barrett passou três décadas mostrando que a realidade é mais complexa.

"As emoções não estão incorporadas no seu cérebro desde o nascimento", explica. "Elas são criadas pelo cérebro à medida que você precisa delas."[5]

A partir do momento em que nascemos, começamos a aprender que tal coisa é assustadora, tal coisa é engraçada ou tal coisa deve nos irritar. Aprendemos até a reagir — contorcer o rosto de uma forma específica quando estamos com raiva, para comunicar nossa opinião à outra pessoa.

O importante é que as emoções são *aprendidas*. São um produto da cultura e do ambiente em que somos criados. Barrett escreve:

> Conceitos como "raiva" e "nojo" não são geneticamente predeterminados. Seus conceitos familiares de emoção foram "instalados" somente porque você cresceu em um contexto social específico em que esses conceitos são significativos e úteis, e seu cérebro os aplica para construir suas experiências sem que você tenha consciência disso.[6]

O mais radical é contemplar como as experiências de vida de cada um podem ser diferentes.

Uma criança pobre da África cresce aprendendo a ter medo de coisas diferentes de uma criança rica da Califórnia. Um garoto de Manhattan aprende a buscar alegria em coisas diferentes de um garoto em uma fazenda no Iowa. Os sentimentos mais básicos e aparentemente fundamentais de alegria, medo, vergonha e orgulho variam de cultura para cultura, de família para família, de pessoa para pessoa.

Um comportamento que o envergonha pode me deixar orgulhoso.

O que me assusta pode ser empolgante para você.

Suas metas podem ser meus pesadelos.

E não são apenas as emoções que variam. O que é *senso comum* para uma cultura pode parecer absurdo e retrógrado para outra. O psicólogo Jonathan Haidt ressalta que, nos Estados Unidos, é perfeitamente aceitável que um filho de 25 anos chame o pai pelo primeiro nome, enquanto em outras culturas isso é considerado moralmente errado — universalmente errado.[7] Encontramos hiatos semelhantes ao fazer perguntas básicas sobre preparação de alimentos, higiene, criação de filhos e como tratar um cônjuge. Se definirmos "senso comum" como verdades com as quais todos concordam, veremos que ele é um bocado incomum, limitado a coisas cientificamente objetivas como 2 + 2 = 4. O autor David McRaney observa que "as realidades de consenso são consequência principalmente da geografia".[8]

Tudo isso provoca diferenças extremas na visão das pessoas sobre o que é um risco que vale a pena correr, um pequeno experimento divertido, um prazer secreto que não causa prejuízo a ninguém ou uma necessidade gratificante.

Veja um exemplo extremo do autor Rob Henderson, que passou por dez lares adotivos diferentes quando era criança e acabou obtendo um doutorado em psicologia em Cambridge:

Um estudante abastado de uma universidade de elite pode experimentar cocaína e provavelmente ficará tudo bem. Um garoto de um lar disfuncional com pais ausentes tem maior probabilidade de usar a primeira dose de metanfetamina de forma autodestrutiva. Isso pode explicar por que uma pesquisa realizada em 2019 pelo Cato Institute descobriu que mais de 60% dos estadunidenses com ensino superior completo eram a favor da legalização das drogas, enquanto menos da metade dos estadunidenses sem ensino superior achava que isso era uma boa ideia. As drogas podem ser um passatempo divertido para os ricos, mas para os pobres geralmente são a porta de entrada para um sofrimento ainda maior.[9]

Voltando ao meu cunhado, o assistente social.

Uma vez, ele me contou uma história sobre a tentativa de convencer um casal pobre do valor de economizar, mesmo que uma pequena quantia, para evitar que fossem despejados de seu apartamento no mês seguinte.

"Eles riram de mim", contou ele.

"Ah, você é um *pensador do futuro*", comentou o marido, rindo sem parar.

"Um o quê?", perguntou meu cunhado.

"Um pensador do futuro. Você tem o luxo de pensar no futuro. Nós, não. Nossa visão do futuro é a das próximas 24 horas. Às vezes, é uma janela de cinco minutos, tipo, como vamos pagar pela próxima refeição. Isso é o mais longe que a gente pensa."

Eles estavam gastando cada centavo que tinham o mais rápido possível, em parte porque *todo o conceito* de "futuro" era diferente do seu ou do meu. Não havia um entendimento comum sobre o que poderia ser considerado senso comum.

Tom Gayner, CEO do Markel Group, certa vez contou a história sobre um almoço com a filha, defensora pública. Quando questionada sobre um caso recente, ela falou sobre um homem que entrou em um restaurante, pediu uma refeição, comeu e depois tentou pagar com dinheiro do jogo Banco Imobiliário.

"O cara era burro, babaca, ou estava tentando fazer uma gracinha?", perguntou Gayner.

"Pai, ele era pobre e estava com fome", disse ela. "Meus clientes são mestres zen do aqui e agora. O passado não existe. O futuro não existe. Ele estava faminto."

É um exemplo radical, mas todos nós — você, eu, todo mundo — vivemos alguma versão dele. Há muitos exemplos — tanto de ricos quanto de pobres — que reforçam a ideia de que seus valores estão ligados às suas preferências, e que suas preferências vêm da tentativa de conciliar suas necessidades presentes com as lições aprendidas em suas experiências passadas singulares.

O que me leva a dois conselhos, ambos essenciais, para entender a arte de gastar dinheiro:

1. Não deixe que ninguém lhe diga no que você deve ou não gastar. Não existe um jeito "certo". Você precisa descobrir o que o deixa feliz e realizado (falarei mais sobre isso adiante). "As finanças pessoais são mais *pessoais* do que *financeiras*", diz o consultor financeiro Tim Maurer.[10] Essa é uma das citações sobre dinheiro mais inteligentes que já ouvi.

Muitos problemas financeiros decorrem do fato de as pessoas gastarem ou economizarem da forma que acham que devem fazer, mas que não condiz com sua personalidade. Elas procuram uma resposta universal para um problema que é extremamente pessoal. É como passar a vida se forçando a ser alguém que você não é.

A maioria das pessoas entende que, se você gosta de comida italiana, mas a minha preferida é mexicana, nenhum de nós está certo ou errado; é apenas uma preferência.

Mas essa lógica pode ir por água abaixo quando você a estende ao tipo de casa em que mora, às roupas que veste, quando deve se aposentar, com que frequência viaja ou sai para comer em restaurantes. Independentemente da forma como você vive, tem muita gente — amigos, parentes, colegas de trabalho, *trolls* na internet — ávida para dizer com rapidez que você está vivendo do jeito errado.

Somente quando você entende quanto a nossa relação com o dinheiro pode ser pessoal e emocional é que percebe que está sozinho nessa jornada. Talvez seu cônjuge e seus filhos façam parte da equação, mas, em algum momento, você terá de encontrar seu próprio caminho, sem medo do que os outros pensem.

2. Tenha cuidado ao julgar como as outras pessoas gastam o dinheiro delas.

O comediante George Carlin uma vez disse: "Todo mundo que dirige mais devagar do que você é idiota, e todo mundo que dirige mais rápido do que você é maluco!".[11] É natural considerar as decisões dos outros como erradas quando são diferentes das suas.

Neste livro, há passagens em que critico as decisões de gastos alheias. Mas tento restringir essas críticas aos momentos em que acho óbvio que alguém está gastando dinheiro de uma forma que prejudica a própria felicidade.

Uma coisa é uma pessoa que não entende as consequências das decisões que toma; talvez ela precise de ajuda e orientação.

Outra é criticar as decisões de alguém somente porque são diferentes das suas.

Pode ser difícil para alguns compreender por que você não consegue ver as coisas da mesma forma que eles. Eu entendo por que isso acontece: se eu tomar a decisão de viver um estilo de vida diferente do seu, você poderá ver isso como um ataque à sua decisão — principalmente se você tiver dúvidas ou inseguranças sobre ela, o que todos nós temos.

O perigo é que, ao criticar a forma como você gasta o seu dinheiro, posso me convencer de que *existe* uma forma correta de gastá-lo — a forma como eu faço. E isso pode me impedir de ser mais reflexivo em relação às minhas próprias decisões, de me perguntar se eu poderia fazer isso de uma maneira melhor ou de tentar entender minhas próprias emoções. Julgar os outros exige uma confiança obstinada, o que pode atrapalhar seu crescimento.

Uma filosofia financeira saudável envolve respeitar as experiências alheias, valorizar as próprias e entender que todo comportamento faz sentido quando há informação suficiente.

Agora, vou contar uma outra história sobre respeito e admiração.

Atenção, por favor

Você acha que quer coisas bonitas,
mas o que realmente quer é
respeito, admiração e atenção.

Se você está confuso em relação ao que seria uma vida melhor, "uma vida com mais dinheiro" é uma suposição óbvia. É uma ideia tão simples que influencia muitas pessoas. "Ter uma vida boa" é um dos temas mais complicados que os filósofos têm debatido há milhares de anos. E "mais dinheiro" é uma coisa muito fácil de se mensurar e buscar.

Mas o desejo de ter mais dinheiro e as coisas que ele pode comprar muitas vezes obscurece o que você quer de verdade: respeito e admiração.

Uma conexão fácil de ser feita é a de que, se você tivesse mais dinheiro, poderia comprar um carro melhor e uma casa maior, e, se tivesse um carro melhor e uma casa maior, as pessoas teriam mais respeito e admiração por você.

Às vezes, isso acontece. Mas deixe-me compartilhar minha opinião pessoal.

Escrevi cartas para meus dois filhos na esperança de passar adiante algumas lições financeiras que aprendi na vida. Uma das coisas que escrevi para os dois é que você pode achar que quer um carro melhor e uma casa maior, mas eu digo que não. O que você quer, na verdade, é o respeito e a admiração dos outros, e você acredita que ter coisas bonitas vai lhe proporcionar isso.

Mas isso raramente acontece — pelo menos tanto quanto você esperava —, sobretudo com as pessoas de cujo respeito e admiração você gostaria.

Adoro a ideia de algo chamado obituário reverso.

Experimente isto: escreva o que você quer que seu obituário diga e, em seguida, descubra como viver de acordo com o que escreveu.

É a maneira mais simples e direta de planejar o que você quer da vida e o que realmente importa.

Cada um de nós escreverá um obituário diferente. Mas desconfio de que a maioria das pessoas gostaria que dissesse: "Você foi amado. Foi respeitado. Foi admirado. Foi útil. Você foi uma boa mãe ou um bom pai, um bom cônjuge, um amigo atencioso. Você foi um ativo para a sua comunidade. Contribuiu para o seu campo de atuação. Era sábio, engraçado e inteligente".

Agora, preste atenção ao que não está presente.

Quase ninguém nesse exercício pensaria em um obituário que mencionasse a potência do seu carro, quantos metros quadrados tinha sua casa ou quanto você gastava em roupas. Seu salário não seria mencionado, nem quantos quilates tinha sua aliança de casamento, nem que sua cozinha tinha mármore importado da Itália.

Gosto de coisas bonitas. Tenho alguns itens sofisticados. Mas sempre fico impressionado com o contraste entre o que as pessoas querem e aquilo a que aspiram.

A razão pela qual poucas coisas materiais entrariam em seu obituário ideal é porque você sabe, inerentemente, que elas não importam de fato.

Em seu livro *Desejo de status*, Alain de Botton escreve que "o impulso que subjaz ao nosso desejo de sucesso na hierarquia social talvez não esteja tanto nos bens que podemos adquirir ou no poder que conseguimos exercer, mas no amor que recebemos como consequência do nosso status elevado".

Vemos as coisas boas como um passaporte para o que de fato desejamos: atenção.

Esse não é um fenômeno contemporâneo. Tem pouco a ver com as redes sociais ou com o fato de as pessoas estarem se tornando mais materialistas. É algo profundamente humano. O grande economista Adam Smith escreveu em 1759: "Para que serve todo o esforço e toda a agitação deste mundo? Qual é o objetivo da avareza e da ambição, da busca pela riqueza, pelo poder e pelo destaque? Será que é suprir as necessidades da natureza?".[1]

É claro que não, argumentou Smith, porque até mesmo os trabalhadores com baixos salários em sua época tinham casa, comida e família.

O que os motiva, escreveu ele, é o fato de que "ser notado, ser servido, ser visto com simpatia, complacência e aprovação são todas as vantagens que podemos imaginar que sejam obtidas com isso. É a vaidade, não a facilidade ou o prazer, que nos interessa".

É uma afirmação surpreendente: valorizamos mais a atenção que o dinheiro nos dá do que o conforto e a conveniência das coisas que o dinheiro pode comprar.

Essa ideia se aplica a pessoas diferentes em diferentes graus. E, mesmo que você aceite que o desejo de ter coisas bonitas é uma estratégia para ganhar atenção, acho que é justo perguntar: e daí? Se o que eu desejo é respeito e atenção, e ter um carro extravagante me proporciona isso, qual é o problema?

Talvez não haja problema algum, mas deixe-me fazer uma observação mais sutil: há casos em que o desejo das pessoas de exibir coisas extravagantes vem do fato de essa ser a *última* ou até mesmo a *única* forma de obter respeito e admiração. Se você tiver dificuldade de conquistar respeito e admiração por meio de sua inteligência, humor, empatia ou capacidade de amar, talvez opte pelo único atalho restante — e menos eficaz: seus bens. Olha só o meu carro, *bi-bi, vrum-vrum.*

As três variáveis mais importantes da busca por diferentes formas de chamar a atenção — um pré-requisito para que as pessoas respeitem e admirem você — são: o grau de eficácia, o grau de durabilidade e quem está prestando atenção.

Detalhando cada uma delas:

Qual é o grau de eficácia? Gastar dinheiro em coisas bonitas pode ser a maneira mais rápida de chamar a atenção de alguém, porque é visível, público e não exige falar com ninguém.

Qual é o grau de durabilidade? Se eu ficar impressionado com seu carro hoje, talvez lhe dê atenção. Mas, amanhã, o choque passa um pouco. Daqui a um mês, vou bocejar quando vir seu carro. Daqui a um ano, não vou estar nem aí.

Quem está prestando atenção? Desconhecidos, em sua maioria, e, mesmo assim, há o ponto sutil de que, quando um desconhecido repara no seu carro, ele está olhando para o carro, não para você. Seu cônjuge repara em seu carro? Seus pais? Seus amigos? Seus filhos? Claro que sim, mas provavelmente essa é a última coisa que usam para medir o quanto o respeitam e o admiram. Eles tendem a se importar muito mais com quanto você é gentil, engraçado, inteligente, prestativo e afetuoso.

Portanto, gastar dinheiro é provavelmente a maneira mais rápida de obter atenção, mas não uma atenção duradoura; ao mesmo tempo, é a maneira menos eficaz de conquistar as pessoas cujo respeito e admiração você realmente deseja. É como *junk food*: muito tentador e satisfatório a curto prazo, mas prejudicial a longo prazo.

O objetivo não é dizer para não tentar chamar a atenção com seu carro, sua casa ou suas roupas. A sinalização social é importante para se encaixar e ter êxito na vida. Porém, quando você percebe que gastar dinheiro em itens para chamar a atenção das pessoas é a *junk food* do respeito e da admiração, o desejo de continuar gastando em coisas que apenas mostram o quanto você é bem-sucedido diminui.

Imagino que se o seu comediante, ator ou atleta preferido estivesse falido, sua opinião sobre ele não mudaria muito. Isso não afetaria o quanto você o admira, porque você o admira pelo talento que o dinheiro não pode comprar.

O ex-jogador de futebol americano Chad Johnson uma vez explicou por que algumas pessoas acham que ele é pão-duro: não há necessidade de exibir sua riqueza material quando seu nome é tão grande que você é respeitado e admirado apenas por seu talento:

> Se você conseguir chegar a um ponto da carreira em que seu nome se torne maior do que qualquer coisa que você possa comprar, aí está o seu valor.
>
> Não há nada que eu possa comprar que seja maior do que meu nome. Portanto, não fazia sentido [comprar joias]. *Eu sou eu*. Não faz sentido.[2]

Mesmo quando a Amazon já era enorme e bem-sucedida, Jeff Bezos costumava dirigir um Honda Accord.[3] Hoje, ele tem um iate de 500 milhões de dólares.[4] Ele é mais respeitado e admirado por isso? Nem um pouco. Poderia andar em uma bicicleta barata e as pessoas o admirariam por ser o maior empreendedor do nosso tempo, porque é isso que ele é. Steve Jobs morava em uma casa que não tinha móveis.[5] Isso não importava. Ele era um ícone.

Todas essas são pessoas famosas, exemplos extremos. Mas para nós, gente comum, há muito a se aprender com isso. Obtendo respeito e admiração por quem se é, e não pelo que possui, o desejo de gastar mais em coisas chamativas diminui.

É provável que o mesmo aconteça com as pessoas que você mais admira. Eu amo e admiro meus pais, e permita-me dizer que não é por causa das roupas deles. Não há algo valioso a se aprender com isso? A meta não deveria ser conquistar respeito e admiração por meio do que você faz, em vez do que possui?

Em *Nunca o suficiente*, Jennifer Breheny Wallace escreve que "o orgulho pode ser sentido de duas maneiras: intrinsecamente, quando você está orgulhoso de si mesmo de forma autêntica; e extrinsecamente, quando as opiniões de outras pessoas lhe dizem como você deve se sentir, o que os psicólogos chamam de 'orgulho arrogante'".

Muitos dos gastos modernos são uma tentativa de promover essa última forma. Mas muito do orgulho profundo e gratificante que naturalmente desejamos vem da primeira: ter orgulho de quem você é e do que você faz, mais do que daquilo que está vestindo ou dirigindo. Talvez o mais importante, como observou o psicólogo Tim Kasser, seja que aqueles que mais valorizam o orgulho extrínseco têm menos espaço para buscar o orgulho intrínseco.

É como se aqueles que buscam a *junk food* (status material) tivessem menos apetite restante para alimentos nutritivos (família, amigos, inteligência, humor, amor). Em estudos de longo prazo, as pessoas que mais valorizavam o orgulho extrínseco tinham maior probabilidade de desenvolver ansiedade, depressão e de fazer uso abusivo de álcool.[6]

O desejo de ostentar pode ser muito natural. Percebi que as pessoas que mais aspiram a ter carros esportivos sofisticados tendem a ser jovens, principalmente do sexo masculino. Talvez, quando se é jovem, sem muita experiência de vida, a capacidade de ganhar respeito por meio de sabedoria, inteligência e amor seja menor do que será mais tarde, então é natural gravitar em torno da última opção restante: bens materiais.

Eu mesmo vivi isso. Quando eu era jovem, burro, não tinha nenhuma habilidade social e ainda menos habilidades profissionais, eu tinha o sonho de ter uma Ferrari. Hoje, estou completamente satisfeito com meu carro mais modesto e desejo ganhar respeito e admiração sendo um bom pai, um bom marido e um escritor decente — coisas que eu não tinha nenhuma chance de oferecer ao mundo aos 20 anos.

O perigo surge quando você subestima o que as pessoas realmente valorizam em você. Tenho um grande amigo que conheço há décadas. Ele é uma das pessoas de que eu mais gosto. Acontece que ele também tem uma renda decente, mas não substancial. Isso o incomoda, e ele sempre fala sobre como a questão o faz se sentir inferior a alguns de seus colegas. Um dia, eu disse a ele: "Se você é um bom pai, um bom marido, uma pessoa honesta, um trabalhador esforçado, um amigo prestativo e um bom piadista, provavelmente já conquistou 98% do respeito e da admiração que sou capaz de lhe dar. Se você também for rico e bem-sucedido, talvez eu aumente essa porcentagem para 99% ou algo assim. Mas não vamos fingir que isso faz muita diferença. Gosto de você por quem você é, não por quanto dinheiro você ganha ou pelo carro que dirige".

Quando você vê as pessoas sendo respeitadas e admiradas por motivos que não têm nada a ver com bens materiais, começa a se perguntar por que deseja tanto esses bens. Cada um é diferente — todo comportamento faz sentido quando há informação suficiente —, mas eu tendo a ver meu próprio desejo material como um substituto informal para o inverso do que mais tenho a oferecer ao mundo. Quanto maior for o meu desejo por coisas sofisticadas, menor será o valor real que tenho a oferecer em relação ao que realmente me faz feliz.

É uma ideia simples que mantém minhas prioridades em foco.

De quem é o respeito e a admiração que eu quero? Da minha família e dos amigos mais próximos, em sua maioria.

Em que eles prestam mais atenção? Em como faço com que se sintam, em como os trato e em como posso ser útil.

Eles se importam com meus bens? Ah, nem um pouco.

É muito fácil.

Duas coisas que tento manter em mente:

1. Descubra o que realmente o faz feliz e maximize isso. Como muitas pessoas, minha renda variou bastante durante a carreira. O que me chama a atenção é que as coisas que me deixam feliz tendo uma renda mais alta são as mesmas que me deixavam feliz quando eu tinha uma renda muito mais baixa: passar tempo com a minha família, fazer atividades ao ar livre, ter uma longa conversa com um amigo. Se voar de primeira classe para um resort cinco estrelas e construir castelos de areia na praia com meus filhos é nota 10, brincar de LEGO com meus filhos no chão da sala de um apartamento pequeno não deixa de ser uma nota 8 ou 9.

Adoro tirar férias, espero ansiosamente por elas e gasto mais com isso agora que tenho uma renda maior do que gastava há uma década. Mas, depois que identifica o que o faz feliz nessas férias, aquilo que você busca pode mudar sutilmente de forma a aproximá-lo mais do seu objetivo final — nesse caso, de "Eu deveria gastar mais dinheiro com viagens" para "Eu deveria passar mais tempo de qualidade com a minha família".

2. Ostente o interior da sua casa, não o exterior.

Não precisa levar essa ideia — que peguei emprestada do escritor Robert Greene — ao pé da letra. Mas o conceito é útil: se quiser se orgulhar de seu sucesso e exibi-lo com coisas bonitas, torne-o mais visível para aqueles cujo respeito e admiração você mais deseja. Adoro a ideia de que meus amigos e familiares possam se beneficiar das coisas boas que comprei. Eu me importo muito menos com o que desconhecidos possam pensar se virem essas coisas.

Outro ponto importante aqui: você pode achar que, ao ostentar seu sucesso a desconhecidos, está atraindo atenção e admiração. Mas, muitas vezes, o sentimento despertado nos outros é o de inveja.

Benjamin Franklin dizia que um dos truques da vida é perceber que as pessoas o admirarão mais se não sentirem inveja de você. Pode ser difícil saber quando se dá a transição da admiração para a inveja, e é comum que uma pessoa chamativa pense que está sendo admirada quando, na verdade, está sendo invejada.

Isso é especialmente verdade se o que o tornou rico foi alguma forma de divulgar seu sucesso de modo a fazer com que os outros quisessem ajudá-lo e apoiá-lo. Quando a admiração se transforma em inveja, esse apoio cai e a tolerância das pessoas com seus erros diminui.

Tenha isso em mente se você está desesperadamente tentando ascender na escala social, buscando atenção ao longo do caminho. Será que, nesse processo, está fazendo com que os outros sintam inveja de você? Será que é um risco que está negligenciando em sua busca cega por mais?

O filósofo político holandês Jan-Willem van der Rijt tem um bom ditado sobre isso: "O apetite por aplausos está entre os traços mais reles da personalidade humana".[7]

Uma vez, o colunista David Brooks fez a distinção entre "virtudes de currículo" e "virtudes de velório".

As virtudes de currículo são coisas como salário, cargo, patrimônio líquido e quão sofisticadas são suas posses.

As virtudes de velório podem ser resumidas a quanto as pessoas realmente o respeitam e o admiram.

Sempre achei que esse é um ponto importante na hora de escolher o que vamos almejar na vida e de pensar no obituário invertido.

Warren Buffett — um dos homens mais ricos da história, que poderia literalmente comprar o que quisesse — disse: "Quando se chega à minha idade, você mede o seu verdadeiro sucesso na vida pelo número de pessoas que quer que o amem e que de fato o amam".

Ele continuou: "Esse é o teste definitivo de como você viveu sua vida. O problema do amor é que não dá para comprá-lo. Você pode comprar sexo. Pode comprar jantares de homenagem. Pode comprar textos que digam como você é maravilhoso. Mas a única maneira de obter amor é sendo amável. Isso é muito irritante quando você tem muito dinheiro. Você gostaria de pensar que basta fazer um cheque: 'Vou comprar 1 milhão de dólares em amor'. Mas não é assim que funciona".[8]

TALVEZ VOCÊ JÁ TENHA O BASTANTE

Uma das histórias mais poderosas sobre dinheiro é a parábola do pescador mexicano.

Um empresário norte-americano visita o México e conhece um pescador local. O empresário fica chocado ao saber que o pescador trabalha apenas algumas horas por dia.

"O que você faz com o resto do seu tempo?", pergunta o empresário.

"Durmo até tarde, passeio com minha família, leio, tiro cochilos e toco violão com meus amigos", responde o pescador.

"Você está fazendo tudo errado. Tenho uma ideia", diz o empresário. "Você deveria trabalhar o dia inteiro. Pegue dinheiro emprestado e compre outro barco. Contrate mais pescadores para trabalhar para você. Você poderia ganhar tanto dinheiro que estaria aposentado em dez anos."

"O que eu faria na aposentadoria?", pergunta o pescador.

"Você poderia dormir até tarde, passear com sua família, ler, tirar cochilos e tocar violão com seus amigos", diz o empresário.

As pessoas mais felizes que eu conheço

Se suas expectativas crescerem mais rápido do que seus rendimentos, você jamais será feliz com seu dinheiro.

QUANDO VOCÊ SONHA em ser mais feliz no futuro, provavelmente está se imaginando satisfeito com o que tem. Talvez se imagine aproveitando uma casa nova e um estilo de vida caro — mas o que está fazendo, na verdade, é se imaginar satisfeito com essas coisas, sem esperar mais nada, desfrutando do que está à sua frente.

É isso que faz você se sentir bem. É desse sentimento que está correndo atrás.

Quando experiências reais geram menos alegria do que o previsto, em geral é porque, no momento em que você conquista algo novo, imediatamente passa a desejar o que ainda não tem.

A verdadeira felicidade é parar de se perguntar o que mais você precisa para ser feliz. Quando você pensa dessa forma, fica ansioso para passar menos tempo perguntando o que está faltando e mais tempo aproveitando o que já tem — independentemente de ser muito ou pouco. Percebe que a fórmula para a felicidade é se contentar com o que tem, e que o que a destrói é se concentrar no que não tem.

Marcel Proust contou a história de um jovem que passava o dia com inveja, sonhando com a vida dos ricos e aristocratas famosos. O jovem ia a museus e olhava para imagens de mansões, luxo e esplendor, sofrendo com a vida que não tinha.

Proust então disse ao jovem que ele deveria passar seu tempo concentrando-se no artista Jean Siméon Chardin. Chardin pintou cenas da vida cotidiana — comida, animais, natureza. O objetivo era aprender a apreciar os objetos que o jovem já tinha diante de si. Aprender a valorizar a vida que tinha, em vez de ficar pensando na vida dos sonhos que não tinha.

"Quando você andar por uma cozinha, dirá a si mesmo: isto é interessante, isto é maravilhoso, isto é lindo como um Chardin", escreveu Proust.[1]

Valorizar o que está à sua frente, em vez de ficar pensando no que você não tem. Que analogia maravilhosa, também, para o dinheiro.

As pessoas mais felizes que conheço são as mais satisfeitas.

Não necessariamente as mais ricas, as mais saudáveis, as mais bonitas ou as mais bem-sucedidas. Apenas quem chega ao ponto de dizer: "Estou bem, estou satisfeito com o que tenho e com quem sou". Isso é o nirvana. É essa pessoa que é coroada pela felicidade.

Muitas delas têm muito dinheiro. Algumas gastam muito e têm uma vida material incrível.

Eu sempre penso na avó da minha esposa, que passou três décadas aposentada com pouco dinheiro, vivendo de uma mísera pensão da previdência social e nada mais. Tecnicamente, estava à beira da pobreza. Mas, na cabeça dela, tinha tudo de que precisava e que queria — estava perfeitamente satisfeita com seu jardinzinho e lendo os livros de sua biblioteca. Ela tinha pouco, mas desejava ainda menos.

E era uma das pessoas mais felizes que se poderia conhecer.

Conheci meia dúzia de bilionários em minha vida — nenhum deles era tão feliz quanto a avó da minha esposa. Era muito fácil perceber por quê: suas baixas expectativas lhe davam uma sensação de satisfação que, por sua vez, se tornava uma enorme fonte de riqueza psicológica que falta a algumas das pessoas mais ricas do mundo.

A riqueza psicológica é um conceito muito importante e, quando se trata de dinheiro, ela vem da adequação das expectativas. Felicidade é satisfação. Satisfação é o que se tem em relação ao que se quer.

A vida de todo mundo segue essa fórmula, em uma direção ou em outra.

Toda felicidade na vida é apenas a diferença entre as expectativas e as circunstâncias. A pessoa que tem tudo, mas quer ainda mais, sente-se mais pobre do que aquela que tem pouco, mas não quer mais nada. Não poderia ser de outra maneira.

Isso não é um apelo para se viver como um monge. Você pode ter uma casa enorme, um carro de luxo, fazer viagens incríveis — e se contentar com tudo isso, valorizando o que tem sem desejar mais nada. Pode ser uma vida maravilhosa.

O segredo é perceber que a felicidade é o estado em que não falta nada, independentemente do estilo de vida que você leve.

Quanto mais você diz a si mesmo "Eu seria mais feliz se tivesse esse carro novo", mais está apenas se concentrando no fato de que não está feliz no momento. O desejo é uma forma oculta de dívida que precisa ser paga antes que você possa sentir qualquer felicidade.

A romancista irlandesa Iris Murdoch descreveu brilhantemente a maldição de não apreciar o que se tem: "As pessoas de um planeta sem flores imaginariam que ficaríamos loucos de alegria o tempo todo por ter essas coisas à nossa volta".[2]

Mas será que estamos? Claro que não. Quando você não valoriza o que já tem e se concentra apenas no que falta, nada parece bom o suficiente. A felicidade continua sendo ilusória.

Há um ditado estoico que diz: "Não precisar de riqueza é mais valioso do que a própria riqueza". Grande parte da arte de gastar dinheiro e ser mais feliz com ele é levar essa sabedoria à risca.

Nada é tão desejado quanto aquilo que você quer, mas não pode ter.

Inclusive, para a maioria das pessoas, há uma hierarquia de gastos mais ou menos assim:

- Se você não quer determinada coisa e não a tem, você não pensa nela.
- Se você quer determinada coisa e a tem, talvez se sinta bem.
- Se você quer determinada coisa e não a tem, pode se sentir motivado.
- Se você quer determinada coisa e não pode tê-la, ficará absolutamente enlouquecido.

Vejamos esta ideia do consultor financeiro Peter Mallouk:[3]

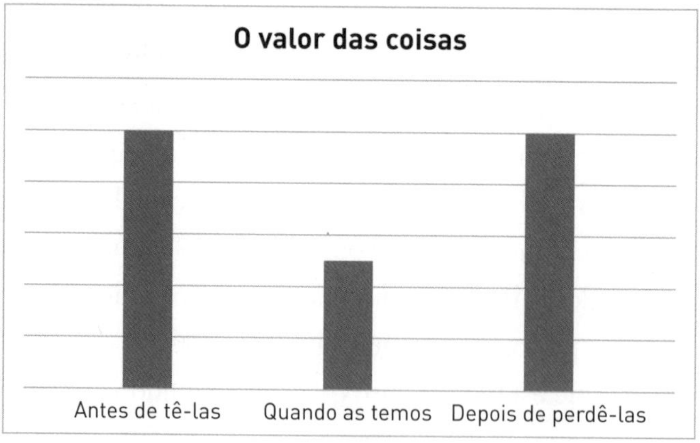

Pouco importa o que sejam as "coisas" — um copo d'água para uma pessoa com sede é mais valioso do que um jatinho particular para um bilionário que já tem dois.

Tudo isso faz sentido quando você entende o que seu cérebro quer.

Em geral, ele não quer carros bonitos nem casas enormes.

Quer dopamina.

E pronto.

Seu cérebro só quer dopamina.

Deixo o excelente livro *Dopamina: a molécula do desejo* descrever esse processo:

> A dopamina é a substância química do desejo que sempre pede mais — mais bens, mais estímulos e mais surpresas.
>
> Em sua busca por essas coisas, ela não se deixa deter por sentimentos, medo nem moralidade.
>
> Do ponto de vista da dopamina, não é o ter que importa; o importante é conseguir alguma coisa — qualquer coisa — que seja nova.

Seu cérebro não quer coisas. Ele nem mesmo quer coisas novas. Quer *se envolver no processo e na expectativa de obter coisas novas.* Isso é semelhante à descrição da fama feita pelo ator Will Smith: ficar famoso é incrível. Ser famoso tem altos e baixos. Perder a fama é desesperador. O que importa é a mudança, não o grau.

Isso é muito comum quando se trada de dinheiro.

Quando você é jovem, sonha em ter um carro — *qualquer carro.*

Quando você tem um carro de 10 mil dólares, sonha com um carro de 20 mil.

Quando você tem um carro de 20 mil, sonha com um carro de 50 mil.

Se você conseguir um carro de 50 mil, sonhará com um carro de 100 mil.

Se você conseguir um carro de 100 mil, sonhará em ter vários carros de 100 mil.

Praticamente não há fim. Os milionários olham para os multimilionários, que olham para os bilionários, que olham para os decabilionários, que olham para os multibilionários. E o que os multibilionários querem? Imortalidade.

É sempre só: *e agora? O que está faltando? Como posso chegar à próxima etapa?* Isso é o que você faz porque é isso que seu cérebro quer.

Depois de ganhar uma medalha de ouro ou uma competição, muitos atletas lhe dirão que a emoção que sentiram não foi euforia. Foi *alívio.* Suas expectativas e as expectativas dos outros eram tão altas que ganhar o prêmio máximo lhes proporcionou apenas a sensação psicológica de dever cumprido. E, então, o foco imediatamente se volta para o que eles não têm: vencer a próxima competição.

Alguns anos depois de deixar o cargo, Richard Nixon, ex-presidente dos Estados Unidos, disse que as pessoas mais ricas do mundo são algumas das mais infelizes que ele já conheceu.

"Bebem demais. Falam demais. Pensam muito pouco. Aposentadas. Sem propósito", disse ele.[4]

Para pessoas comuns, essa parece ser uma vida incrível. Para aqueles que podem se dar ao luxo de fazer o que quiserem, muitas vezes ela não funciona. Nixon continua:

> Você pensa: puxa, não é ótimo ter dinheiro suficiente para morar em uma casa muito boa, poder jogar golfe, dar festas bacanas, usar roupas boas, viajar quando quiser?

E a resposta é: se você não tem essas coisas, elas podem significar muito.

Quando tem, elas não significam nada.

Se você não tem essas coisas, elas podem significar muito. Quando tem, elas não significam nada.

Essa é uma frase muito poderosa. Um dos sentimentos mais naturais e comuns com relação ao dinheiro é simplesmente correr atrás do que não se tem.

Algumas pessoas são menos suscetíveis a isso do que outras. Mas o trem da dopamina é uma armadilha muito recorrente e poderosa. E isso ajuda a responder à pergunta: "O que você quer do dinheiro?". Um carro novo? Uma casa nova? Roupas melhores? A maioria das pessoas, na verdade, não quer nenhuma dessas coisas. Pelo menos não diretamente. Você quer tudo o que não pode ter.

Depois de obtê-las — se é que as obtém —, a meta avança, a dopamina assume o controle, e você imediatamente começa a perguntar: *e agora?*

Há duas coisas importantes a ter em mente aqui.

As pessoas geralmente buscam a emoção errada. Elas buscam uma onda de felicidade, que é divertida, mas passageira. É melhor buscar a satisfação, que é uma sensação ainda melhor e muito mais duradoura.

Se você ouvir a piada mais engraçada de sua vida, talvez ria por um minuto inteiro. Se eu lhe contasse essa piada novamente, talvez desse uma risadinha. Se eu a contasse várias e várias vezes, você logo se cansaria e perguntaria: "Você tem alguma piada nova?".

Com a felicidade é muito parecido. É um sentimento maravilhoso, mas sempre passageiro. Parafraseando Don Draper: "Felicidade é aquela sensação que você tem logo antes de precisar de mais felicidade".

O problema de correr atrás da felicidade é que, como a sensação é ótima, mas de curta duração, você pode entrar rapidamente em algo que se assemelha a um ciclo de dependência.

Quando está satisfeito, você não está mais correndo atrás de nada — algo que é pré-requisito para estar no momento presente. Você só consegue viver o momento — aproveitar o que tem agora, em vez de ficar remoendo o passado ou sonhando com o futuro — quando não tem nenhuma expectativa de que as coisas poderiam ou deveriam ter sido melhores do que são agora. Então você pode aproveitar o que tem, o que está fazendo, o que criou e quem está a seu lado.

Quando você vê a satisfação como o topo da montanha psicológica, suas metas mudam. Você percebe que o jogo da dopamina nunca pode ser vencido — há sempre um próximo nível pelo qual terá de lutar — e que, portanto, a única maneira de vencer é parar de jogar. É estar satisfeito.

E deixe-me dizer: há poucas alegrias financeiras maiores do que perceber que você tem tudo de que precisa, agora mesmo, para estar o mais satisfeito — até mesmo o mais feliz — possível.

A melhor medida de riqueza é o que você tem menos o que você quer.

A maneira óbvia de pensar em riqueza é pela soma: você se torna mais rico quando tem mais dinheiro.

Mas, quando percebe a importância das expectativas e da satisfação, você nota que o cálculo tem mais nuances.

A definição mais poderosa de riqueza não é o que você tem. O que realmente importa é a diferença entre o que você tem e o que você quer.

Desejar menos pode ter o mesmo impacto em seu bem-estar que ganhar mais. Isso não só está mais sob seu controle como também é um jogo que você pode realmente vencer, levando a uma satisfação duradoura, em vez de a uma felicidade passageira.

E desejar menos não significa desistir. Não significa que você não sabe como gastar dinheiro e se divertir — acredito que seja justamente o contrário. Estar satisfeito com o que tem é a maneira mais profunda de aproveitar a casa que você comprou, as roupas que tem e as férias que tira.

Você prefere ser um bilionário que acorda todo dia ansioso com o que não tem e com inveja dos que têm mais ou uma pessoa comum que acorda muito satisfeita, cheia de prazer, sendo capaz de apreciar o que tem, independentemente de quanto seja?

A avó da minha esposa era financeiramente pobre, mas psicologicamente rica. A diferença entre o que ela tinha e o que queria era menor do que a de algumas pessoas com cem vezes mais dinheiro do que ela.

Quando você vir alguém dominar essa equação, nunca mais vai pensar em riqueza da mesma forma.

Agora, deixe-me contar algumas histórias que mostram que ter todo o dinheiro do mundo não vai adiantar se você já é infeliz.

Tudo aquilo que não vemos

A felicidade depende de muito mais do que da renda. Houve treze divórcios entre os dez homens mais ricos do mundo.

VOCÊ PREFERE GANHAR 100 mil dólares por ano com um cônjuge que o ama, filhos que o admiram, bons amigos, boa saúde e consciência tranquila, ou ganhar 1 milhão de dólares e não ter nada disso?

A resposta é muito óbvia.

E agora chegamos a um ponto importante sobre o dinheiro: o que ele não pode fazer por você.

Em seu leito de morte, as últimas palavras do ex-presidente dos Estados Unidos John Adams foram "Jefferson ainda está vivo", expressando inveja de seu rival político, Thomas Jefferson.[1] A ironia é que isso nem sequer era verdade: sem que Adams soubesse, Jefferson havia morrido algumas horas antes.

Quando invejar alguém, lembre-se de que a imagem que você tem da vida dessa pessoa é quase sempre incompleta.

No momento em que escrevo este artigo, houve treze divórcios entre os dez homens mais ricos do mundo. Sete deles já se divorciaram pelo menos uma vez.

Correlação não é causalidade, e essa é uma amostra pequena. Mas um número muito pior do que a média nacional, em um tema tão importante para a felicidade, entre um grupo cuja vida é invejada por muitos, é algo interessante, não?

Grande parte da vida de todo mundo é invisível. Principalmente as partes difíceis, deprimentes e infelizes que as pessoas tentam esconder. Uma coisa interessante sobre dinheiro — ganhá-lo, tê-lo, gastá-lo — é que quando imagina ter mais dele, você se concentra quase que exclusivamente nas partes de sua vida que podem se tornar melhores.

O que é fácil de ignorar são todas as partes ocultas que provavelmente não vão melhorar.

Há uma tendência bem conhecida em relação ao dinheiro: se você perguntar às pessoas "De quanto dinheiro você precisaria para ser feliz?", a resposta geralmente é o dobro do que cada uma ganha atualmente. Isso é verdade em quase todos os níveis de renda — pessoas que ganham 30 mil dólares por ano dizem que precisariam de 60 mil para serem felizes, pessoas que ganham 60 mil dizem que precisariam de 120 mil, pessoas que ganham 1 milhão dizem que precisariam de 2 milhões para se sentirem ótimas.

Parte da razão pela qual isso ocorre é que é fácil imaginar que ter mais dinheiro é o elixir para todos os nossos males. Quando percebemos que não, a tendência é presumir que, bem, se você tivesse só um pouquinho mais, isso resolveria o problema. Esse foco no que mais dinheiro poderia fazer, ignorando o que ele não pode, às vezes deixa as pessoas presas em uma "rodinha de hamster" psicológica.

J. Paul Getty já foi o homem mais rico do mundo, uma das primeiras pessoas a acumular mais de 1 bilhão de dólares. Em um documentário de 1963, Getty foi entrevistado em seu castelo de 4 mil metros quadrados e 72 quartos, em Sutton Place. É uma das casas mais ornamentadas e desmedidas que já existiram. Getty é questionado, repetidamente, sobre como é viver como um rei moderno. Sua resposta é, na maioria das vezes, um dar de ombros — fica claro que, apesar de todo o dinheiro do mundo, aquele não é um homem que transborda de alegria. Por fim, perguntam a Getty quem ele inveja. Ele diz:

> Invejo pessoas mais jovens, mais fortes e mais alegres do que eu, pessoas que têm uma personalidade melhor do que a minha [...]. Sempre quis ter uma personalidade melhor, saber entreter melhor as pessoas. Sempre me incomodou ser um pouco sem graça.[2]

É uma resposta fascinante, pois era de se esperar que ele dissesse que invejava seus concorrentes ou pessoas de uma época diferente que tiveram mais sucesso. Mas as pessoas que ele realmente invejava talvez fossem infinitamente mais pobres e menos bem-sucedidas que ele. Se você já é infeliz, ter mais dinheiro pode não adiantar muito. Para quem está lutando por mais dinheiro, aceitar isso pode ser muito difícil. Mas é assim.

A maior parte do que faz você feliz na vida não tem nada a ver com dinheiro, e quando se tem dinheiro pode ser duro admitir isso.

Will Smith escreveu em sua biografia que, quando era pobre e estava deprimido, sonhava com um futuro em que teria mais dinheiro, e que isso faria com que seus problemas desaparecessem. Quando ficou rico, esse otimismo desapareceu. Ele tinha todo o dinheiro de que poderia precisar e continuava deprimido, sua vida continuava cheia de problemas.

O produtor musical Rick Rubin comentou algo semelhante:

> É difícil ficar deprimido de verdade até que seus sonhos se tornem realidade. Quando seus sonhos se realizam e você

percebe que se sente da mesma forma que se sentia antes, tem um sentimento de desesperança.[3]

Mais tarde, ele desenvolveu:

> Acho que pensamos equivocadamente que algum tipo de sucesso externo vai mudar algo em nós. E não muda. Pode tornar a vida mais confortável. Mas não muda quem somos. E qualquer buraco em nós mesmos que esperávamos preencher não é preenchido.
>
> E digamos que você passe vinte anos da sua vida se esforçando para conquistar algo que vai resolver tudo, e aí você finalmente conquista o que está buscando há vinte anos, trabalhando duro… e nada muda. É nesse momento que você se sente sem esperança.[4]

Isso acontece com bastante frequência quando as pessoas atingem alguma meta financeira ou compram um brinquedo novo. O que você achava que mudaria sua vida e o transformaria em uma bola ambulante de felicidade muito provavelmente não muda, o que pode ser uma experiência angustiante.

A felicidade é complexa, mas, quando a simplificamos em coisas como uma família amorosa, saúde, amizade, oito horas de sono, filhos equilibrados e fazer parte de algo maior do que nós, conseguimos perceber como o papel do dinheiro pode ser limitado. Não que ele não tenha nenhum papel, apenas é menor do que o que você imaginava.

É claro que você pode ser pobre e infeliz ou rico e feliz. Mas só aqueles que adquiriram uma riqueza significativa estão cientes de como essa relação pode ser tênue. Ganhar dinheiro provavelmente não consertou seu casamento, não tornou você mais atraente, não fez com que seus amigos gostassem mais de você, não o tornou mais realizado — pelo menos não tanto quanto você supunha. Assim, o que costumava ser um otimismo reconfortante sobre o que o dinheiro poderia fazer por você é substituído pela dura realidade do que ele não pode. Às vezes, é o sonho que faz você se sentir bem e, depois de alcançá-lo, ele desaparece e você fica deprimido. Malcolm Forbes disse: "Na hora em que conseguimos, já acabou".

Minha esposa e eu morávamos no sul da Califórnia. Depois, moramos em Washington, D.C. Dificilmente passávamos um dia em Washington sem sentir falta do clima da Califórnia. Los Angeles oscila entre os 20 °C no inverno e os 30 °C no verão. A Costa Leste tem duas temperaturas: repulsivamente quente e desumanamente fria.

Eis o que é difícil de aceitar: sentíamos falta do clima da Califórnia porque achávamos que ele nos deixaria mais felizes. Mas não há nenhuma evidência, nem para nós, nem para ninguém, de que os californianos sejam mais felizes do que seus colegas da Costa Leste. Os estados mais felizes dos Estados Unidos são as Dakotas (do Norte e do Sul), o Nebraska e o Minnesota[5] — que têm alguns dos climas mais detestáveis do Hemisfério Norte.

Com o dinheiro pode ser bem parecido.

O falecido psicólogo Daniel Kahneman disse: "Nada na vida é tão importante quanto você pensa que é quando está pensando naquilo". Ele ressaltou que "os paraplégicos costumam ser infelizes, mas não infelizes o tempo todo, porque passam a maior parte do tempo vivenciando e pensando em outras coisas além de sua deficiência".[6] Da mesma forma, as pessoas com muito dinheiro podem ser frequentemente felizes, mas não o são o tempo todo, porque passam a maior parte do tempo vivenciando e pensando em outras coisas além de seu dinheiro. Aqui está Kahneman novamente (destaque meu):

> Em média, as pessoas com alta renda têm um humor melhor do que as com renda mais baixa, mas a diferença é cerca de apenas um terço do que a maioria das pessoas espera. **Quando você pensa em pessoas ricas e pobres, seus pensamentos inevitavelmente se concentram nas circunstâncias em que a renda importa. Mas a felicidade depende de outros fatores além desse.**[7]

É fácil, por exemplo, imaginar-se com mais dinheiro e achar que uma casa maior o fará feliz. Você imagina uma sala de estar enorme, um banheiro de mármore, a escadaria curva. Nesse contexto, isso parece incrível — e talvez seja mesmo. O que é fácil de ignorar — a parte que você não vê ou à qual não presta atenção — são coisas como a dificuldade de limpar, despesas de seis dígitos para substituir algo mundano, como as calhas, vizinhos que o processam por não gostarem do seu jardim, porque esse é o tipo de coisa que vizinhos ricos fazem, e assim por diante, sem parar. Você também pensa em aproveitar seu grande quintal em um vácuo, apartado da realidade de que pessoas com grandes quintais continuam podendo sofrer de indigestão, alergias sazonais e gripe tanto quanto seus pares menos abastados. Você ignora que pessoas com grandes quintais também ficam irritadas com seus colegas de trabalho, têm chefes idiotas e clientes chatos. Você casualmente ignora que pessoas com salas de cinema em casa discutem com o cônjuge e se comparam a seus colegas mais bem-sucedidos tanto quanto qualquer um.

Todas essas coisas reduzem a felicidade em que nos imaginamos quando sonhamos em ter e gastar mais dinheiro. Quando é fácil e divertido pensar no lado positivo do que mais dinheiro pode proporcionar, mas é igualmente fácil ignorar o que não vai mudar ou tudo que vem junto com o fato de possuir mais coisas, o resultado é a decepção.

Nada disso significa que o dinheiro não pode trazer felicidade. Ele é apenas um remédio menos milagroso do que costumamos supor. E, quando traz felicidade, geralmente é por razões sutis. Algumas coisas importantes a se ter em mente aqui:

Se você é uma pessoa infeliz, é pouco provável que mais dinheiro resolva seus problemas.

Matthew Killingsworth, da Universidade da Pensilvânia, resolveu décadas de debate nos círculos acadêmicos sobre a relação entre dinheiro e felicidade — alguns estudos mostravam que havia uma óbvia correlação entre os dois, outros não.

Quando se aprofundou nos dados, ele descobriu que as pessoas que já eram classificadas como tendo bem-estar emocional baixo não viram nenhuma melhora na felicidade quando sua renda aumentou para além dos 100 mil dólares por ano. Para o grupo de bem-estar emocional intermediário, a felicidade tendeu a melhorar com a melhora da renda. Para pessoas que já eram muito felizes, ganhar mais dinheiro foi como uma turbina de felicidade.

"Se você é rico e infeliz, mais dinheiro não vai ajudar", escreveu Killingsworth.[8]

São tantos os fatores que influenciam a felicidade que ter mais dinheiro pode ser uma gota d'água em meio a um tsunâmi de outras coisas que compõem uma vida infeliz.

Um ponto relacionado é que os principais ingredientes que realmente fazem as pessoas felizes — amigos, família, saúde, significado, uma boa cognição — não podem ser comprados, apenas conquistados.

Quando gastar mais dinheiro de fato traz felicidade, geralmente é de maneira indireta.

Gastar dinheiro com uma casa grande e bonita pode me deixar mais feliz — mas provavelmente porque ela facilita receber amigos e parentes, e passar tempo com essas pessoas é o que de fato me traz felicidade. O mesmo acontece com as férias — ir para Maui pode ser uma alegria, mas talvez a melhor parte seja uma semana inteira com a família sem interrupções, sem trabalho, sem e-mails e sem trânsito.

Podemos olhar para isso por outra perspectiva: uma casa grande e bonita o fará feliz se você não tiver amigos e familiares com quem compartilhá-la? As férias o farão feliz se você não gostar de passar tempo com sua família? Um carro de luxo o fará feliz se você só o dirige para ir ao trabalho que detesta?

Se você já tem alguns dos ingredientes essenciais para a felicidade, gastar dinheiro pode ser um trampolim para uma vida feliz. No entanto, se você não tiver algumas dessas áreas essenciais, ter dinheiro vai se mostrar uma ilusão. E isso é frustrante, pois estamos muito acostumados a achar que ter e gastar mais dinheiro vai sempre nos proporcionar uma vida melhor.

Jamais se concentre no que o dinheiro pode fazer por você sem ter uma compreensão clara do custo de ganhá-lo.

Taylor Swift, lembrando-se da motivação no início de sua carreira, disse: "Eu pensava detalhadamente em como chegar lá — não apenas em como eu me sentiria ao chegar".[9]

Isso é raro. É muito mais fácil fantasiar sobre o prêmio e ignorar o estresse da corrida. Se eu sonhar com quanto minha vida será melhor se eu puder gastar mais dinheiro, há uma boa chance de estar descartando os possíveis custos de ganhar esse dinheiro — um emprego estressante, longas jornadas de trabalho, incerteza, tempo afastado de outras coisas de que gosto.

Esse é um exemplo importante do que muitas vezes nos cega em relação ao dinheiro. Outro artista de sucesso, Jimmy Carr, disse: "Todo mundo sente inveja do que você tem, mas ninguém sente inveja de como você conseguiu".[10]

Grande parte de uma vida feliz tem a ver com o que não aconteceu.

As brigas que você não teve, as doenças que evitou e os desejos doentios que não alimentou. O estilo de vida inacessível que você escolheu não adotar, os erros que não cometeu e os arrependimentos que não tem.

Na verdade, eu provavelmente consigo enxergar apenas 1% do que é importante na sua vida, e você consegue enxergar 1% da minha. Se tanto. Grande parte de uma vida boa está não apenas oculta como fundada em coisas que não aconteceram, mas nos concentramos demais no que é visível e fácil de medir — casas, carros, roupas, joias, férias e brinquedos — e superestimamos sua importância.

Olhando para trás, a questão de saber se você teve uma vida boa provavelmente terá pouco a ver com o dinheiro que você ganhou ou gastou.

Marc Randolph, cofundador da Netflix, escreveu este belo comentário:

> Resolvi, há muito tempo, não ser um daqueles empreendedores com sua sétima startup e sua sétima esposa. Na verdade, o que mais me orgulha em minha vida não são as empresas que fundei, mas o fato de ter conseguido criá-las enquanto permanecia casado com a mesma mulher; meus filhos cresceram sabendo quem eu era e (até onde sei) gostando de mim; e podendo dedicar tempo a outras paixões da minha vida.[11]

Essa é a minha definição de sucesso.

É uma filosofia maravilhosa. O que importa mais do que o dinheiro que você ganha e o dinheiro que você gasta são as partes menos tangíveis da vida que não podem ser compradas.

A seguir, uma história surpreendente e trágica de dois homens que escolheram estilos de vida opostos e o que eles podem nos ensinar sobre referências internas e externas.

O ativo mais valioso é não precisar impressionar ninguém

O poder de não precisar provar seu valor para desconhecidos não tem preço.

NÃO PRECISAR IMPRESSIONAR os outros, principalmente desconhecidos, é um ativo em seu balancete que pode ser mais valioso do que qualquer outra coisa.

Quando você não tem a necessidade de impressionar ninguém, seus desejos diminuem. Quando seus desejos diminuem, a satisfação com o que já tem aumenta. É simples assim, de verdade.

Há sempre dois pontos de referência que podem ser usados para determinar se você está indo bem na vida: um interno e um externo. O primeiro é quanto você está feliz consigo mesmo; o outro é o que as outras pessoas pensam de você.

É impressionante observar como pode ser angustiante quando alguém se concentra demais no ponto de referência externo. E é emocionante testemunhar alguém cujo único objetivo na vida é atingir seus pontos de referência internos.

Vou contar uma história dramática de dois homens que estão em extremos opostos desse espectro. Suas histórias não têm nada a ver com dinheiro, mas podem nos ensinar muito sobre a importância de escolher o ponto de referência certo na vida.

Em 1968, o *Sunday Times*, de Londres, buscando obter alguma publicidade e capitalizar em cima do crescimento da vela como esporte, patrocinou uma corrida de barco ao redor do mundo.

O objetivo era simples: a primeira pessoa a velejar ao redor do mundo sozinha, sem parar, venceria a Golden Globe Race.

A competição foi chamada de corrida, mas isso foi tecnicamente uma reflexão posterior: ninguém na história da humanidade jamais havia navegado ao redor do mundo sozinho, sem parar. Portanto, o primeiro que simplesmente completasse a tarefa seria coroado como um dos maiores velejadores da história.

Não havia pré-requisitos e havia poucas regras. Nove homens participaram da corrida, um dos quais nunca havia velejado. Apenas um terminou, quase um ano e 43 mil quilômetros depois.[1]

Mas foram dois dos marinheiros que não terminaram que fizeram as viagens mais notáveis e surpreenderam o mundo — por motivos opostos.

Donald Crowhurst e Bernard Moitessier são exemplos incríveis de como nossa qualidade de vida é moldada por quem queremos impressionar. Suas histórias são radicais e extremas, mas o que eles enfrentaram foi apenas uma versão ampliada do que pessoas comuns enfrentam o tempo todo.

Donald Crowhurst disse certa vez que a vida era um jogo que somente os inteligentes venceriam. Para ele, a inteligência era a característica mais valiosa e não havia problema em mentir se isso deixasse as pessoas felizes e o ajudasse a vencer o jogo. Essas duas coisas acabariam se voltando contra ele.

Nascido em 1932, Crowhurst tinha 36 anos quando ouviu falar da Golden Globe Race. Há duas coisas importantes a saber sobre sua vida até aquele momento:

Apesar de sua enorme ambição, ele havia fracassado profissionalmente em quase tudo o que havia tentado.

Tinha sido expulso da Força Aérea Real e do Exército Britânico, depois montado uma empresa que nunca decolou e que estava à beira da falência. Ele viu a competição como uma chance de redenção, uma oportunidade de finalmente mostrar ao mundo que era digno de atenção.

Ele não era um marinheiro muito bom. Na melhor das hipóteses, Crowhurst era um marinheiro de fim de semana, levando seu barco para viagens curtas, mas com tendência a ficar enjoado.

Como raramente lhe faltava confiança, estava convencido não apenas de que seu equipamento caseiro de navegação a vela poderia impulsioná-lo a vencer a corrida do *Sunday Times* como também de que isso atrairia atenção suficiente para salvar seu negócio.

Havia apenas alguns obstáculos: ele não tinha um barco, não tinha dinheiro e não tinha nenhuma chance de financiar a corrida sozinho.

Crowhurst fez um acordo com um empresário inglês chamado Stanley Best, que concordou em cobrir o custo dos equipamentos para a corrida sob duas condições: eles orquestrariam um frenesi na mídia, retratando Crowhurst como um gênio da vela. E se ele não conseguisse completar a corrida, teria de devolver todo o dinheiro.

Durante os preparativos para a corrida, a BBC ficou encantada com Crowhurst — o amador corajoso e desconhecido que estava prestes a participar da disputa mais difícil da história da navegação. É preciso entender quão insana seria essa competição. Navegadores experientes achavam que era quase impossível dar a volta ao mundo sozinho, sem fazer paradas. Agora, aqui estava Crowhurst, um homem de quem a comunidade de velejadores nunca tinha ouvido falar, com quase nenhuma experiência, prestes a tentar. Ele adorou a atenção que recebeu.

"O problema de Donald era que ele achava que era Deus", disse um dos amigos de Crowhurst.

Mas ele não era, e, um dia antes de zarpar para dar a volta ao mundo, percebeu quão despreparado estava. Seu barco, o *Teignmouth Electron*, tinha sido tão fortemente modificado, tão sobrecarregado com aparelhos e equipamentos mal-acabados, que mal estava em condições de sair para um passeio rápido perto de casa, que dirá para uma viagem solo ao redor do mundo.

A esposa de Crowhurst, Clare, tentou convencê-lo a não participar. "Acho que você tem razão", disse ele, "mas tudo isso se tornou importante demais para mim. Tenho que ir até o fim."

Depois de uma longa pausa, ele continuou: "Querida, estou muito decepcionado com o barco. Não está bom. Não estou preparado. Se eu partir com as coisas nesse estado desesperador, você vai enlouquecer de preocupação?".

Clare respondeu com uma pergunta: "Se você desistir agora, vai ser infeliz pelo resto da sua vida?".

Donald não respondeu e começou a chorar.

Preparado ou não, em 31 de outubro de 1968, Crowhurst zarpou de Teignmouth, Inglaterra.

Foi uma decepção desde o início. Após duas semanas no mar, havia percorrido menos da metade da distância que pretendia.

Então, veio o desastre: seu barco começou a apresentar vazamentos. "Este maldito barco está caindo aos pedaços devido à falta de atenção aos detalhes de engenharia", escreveu ele em seu diário.

O barco não corria o risco de afundar, mas a água que entrava estragou seus componentes eletrônicos e o gerador, praticamente acabando com qualquer chance de terminar a corrida. Pior, se Crowhurst continuasse pelos mares agitados do Atlântico Sul, sabia que sua frágil embarcação poderia virar a qualquer momento.

"Quais as rotas possíveis? Ou eu abandono essa tentativa de navegação sem parada ou continuo. Se continuar, tenho as mesmas chances de concluir a viagem e de me afogar", escreveu em seu diário.

A alternativa poderia ser pior. Se desse meia-volta e retornasse para casa, enfrentaria não apenas a falência após ser forçado a devolver o dinheiro emprestado, mas também a vergonha e a humilhação por fracassar em mais uma empreitada.

Então, o esperto Crowhurst percebeu que havia uma terceira opção: fraude e embuste.

Passou a vagar pelo Atlântico em círculos, sem rumo, em águas calmas. Em seguida, começou a enviar coordenadas falsas para a Inglaterra, dando a impressão de que continuava a navegar ao redor do mundo.

O plano era simples: se conseguisse passar tempo suficiente à deriva no Atlântico — provavelmente seis meses ou mais —, poderia convencer as pessoas de que havia dado a volta ao mundo de forma plausível antes de retornar à Inglaterra com sua dignidade intacta.

Nesse ponto da corrida, Crowhurst começou a manter dois diários de bordo: um com suas localizações falsas, que ele traçava por meio de engenharia reversa, com a velocidade que poderia tê-lo feito chegar a um destino imaginário, e outro com sua localização real. O rastreamento de sua localização real era vital para garantir que permanecesse em um local onde dificilmente seria visto por outros barcos, cujas tripulações poderiam revelar sua posição à imprensa de seu país.

É preciso ser um grande gênio para pôr em prática uma fraude como essa. Crowhurst não era. Nos primeiros dias após a concepção de seu esquema, ele cometeu o primeiro grande erro. Ao informar as coordenadas falsas aos organizadores da corrida em terra firme, seus cálculos descuidados deram a impressão de que ele estava subitamente se movendo a uma velocidade alucinante, cobrindo uma distância sem precedentes.

A imprensa, que não tinha ideia do que realmente estava acontecendo, engoliu. O *Sunday Times* escreveu:

> Donald Crowhurst, último homem a partir na regata solitária ao redor do mundo organizada pelo *Sunday Times*, percorreu, no último domingo, 243 milhas de tirar o fôlego e possivelmente de quebrar um recorde em seu trimarã de 41 pés, o *Teignmouth Electron*. O feito é ainda mais notável à luz das velocidades muito baixas nas três primeiras semanas de sua viagem; ele levou mais tempo para chegar a Cabo Verde do que qualquer outro competidor. Em sua última mensagem de rádio, Crowhurst disse que ficou de vigia por 24 horas sem parar. "Foi preciso ter muita coragem. Nunca naveguei tão rápido em minha vida."

Era tudo mentira.

Foi assim por meses — Crowhurst à deriva no Atlântico, deprimido e assustado, enviando coordenadas falsas para os organizadores da corrida, ao passo que todos em seu país acreditavam que ele estava realizando o feito mais heroico da história da vela.

Enquanto planejava seu eventual retorno para casa, Crowhurst percebeu que não queria vencer a corrida — se o fizesse, chamaria tanta atenção que a comunidade de velejadores poderia vasculhar seus diários de bordo e descobrir a fraude. Chegar em segundo parecia o ideal: um desempenho incrível que o tornaria um herói, mas não tão famoso a ponto de os especialistas analisarem sua viagem muito a fundo.

Crowhurst sabia que outro velejador, Nigel Tetley, estava no rumo certo para conquistar o recorde de volta ao mundo mais rápida. Então se colocou de modo estratégico em segundo lugar, mas cometeu outro erro, aproximando-se demais de Tetley. O primeiro ficou nervoso com a presença de um concorrente em seu encalço e começou a navegar cada vez mais rápido, ultrapassando os limites que podia suportar. Enquanto tentava desesperadamente ganhar distância de Crowhurst, o barco de Tetley se despedaçou e afundou no Atlântico (ele sobreviveu em seu bote salva-vidas).

Crowhurst tinha agora o caminho aberto para vencer a Golden Globe Race e ser coroado o maior velejador de todos os tempos.

Seus apoiadores em casa ficaram atônitos.

Em 18 de junho, a BBC enviou a Crowhurst um telegrama com os seguintes dizeres:

**PARABÉNS PELO PROGRESSO
PROGRAMA DE TELEVISÃO MARCADO
PARA O DIA DA CHEGADA**

Na cidade de Teignmouth, foi formado um comitê "Bem-vindo de volta Donald Crowhurst" para celebrar seu novo herói. O plano era que um helicóptero da BBC o seguisse de volta ao porto enquanto um desfile completo, com disparos de canhão, o receberia em sua chegada triunfal.

O diário de Crowhurst deixa claro quanto essa fama iminente — toda ela mal adquirida e arriscada, caso a verdade viesse à tona — o deixou preocupado.

A vida era um jogo para ele. Enquanto refletia sobre seu destino, escreveu em seu diário: "Não consigo ver nenhum 'propósito' no jogo. [...] Sou o que sou e percebo a natureza da minha falta".

Em seguida, há anotações ainda mais angustiadas. Uma delas dizia:

> Está acabado
> Está acabado
> Misericórdia

E a última anotação:

> É o fim do meu jogo. A verdade foi revelada, e será feito como minha família exige que eu faça. [...] Não tenho necessidade de prolongar esse jogo. Foi um bom jogo, e precisa acabar. [...] Vou jogar esse jogo quando decidir desistir dele [...].

O *Teignmouth Electron* foi encontrado onze dias depois, à deriva no Atlântico. Não havia sinal de grandes danos, nenhum sinal de acidente — e nenhum sinal de Donald Crowhurst.

Ele nunca mais foi visto. É bem provável que tenha se jogado no mar e tirado a própria vida.

Em uma doce ironia, Robin Knox-Johnston, o único homem a terminar a Golden Globe Race, doou as 5 mil libras em dinheiro do prêmio para Clare Crowhurst. Foi o suficiente para poupá-la da falência que Donald temia que assombrasse sua família se não terminasse a corrida.

Pouco antes de Crowhurst tirar sua vida, outro velejador da Golden Globe Race tomou uma decisão igualmente surpreendente no mar.

Bernard Moitessier *era* um velejador experiente e, cinco meses após o início da corrida, estava no caminho certo para vencê-la *legitimamente*.

Moitessier — um francês com 48 anos à época — adorava velejar e havia passado a maior parte da vida no mar. Mas parecia desprezar a mercantilização de seu esporte. A ideia de se apresentar para a mídia, para os patrocinadores, para a imprensa, parecia ferir sua alma. Ele apenas gostava de velejar.

Moitessier nem sequer levou um rádio em sua viagem, preferindo a solidão e deixando que outros barcos que passavam informassem sua localização à organização da corrida na Inglaterra. A personalidade necessária para passar nove meses sozinho no mar seleciona pessoas que se sentem confortáveis em se desligar da sociedade. Moitessier era uma versão extrema disso, e a ideia de navegar para o prazer de outra pessoa era tão detestável que, no meio de sua viagem, ele se cansou.

Ele escreveu em seu diário:

> Eu me senti muito mal com a ideia de voltar para a Europa, voltar para o ninho de cobras. [...] Estou completamente farto de falsos deuses, sempre à espreita, como aranhas, comendo nosso fígado, sugando nosso tutano. Eu acuso o mundo moderno — esse é o Monstro que pisoteia a alma dos homens.

Mas estar em seu barco, *Joshua*, foi uma história diferente. Isso realmente alimentou sua alma. Moitessier relembrou mais tarde:

> Os dias passavam, sem nunca serem monótonos. Mesmo quando parecem exatamente idênticos, nunca o são. É isso que dá à vida no mar sua dimensão especial, composta de contemplação e contrastes muito simples. Mar, ventos, calmarias, sol, nuvens, toninhas. A paz e a alegria de estar vivo em harmonia.

Enquanto navegava ao redor do cabo Horn em seu caminho de volta para a Inglaterra, Moitessier começou a contemplar o impensável: abandonar a regata, mesmo estando a caminho da vitória, e velejar para outro lugar.

Pensando em sua família e seus amigos, ele escreveu:

> Não sei como explicar a eles minha necessidade de ficar em paz, de continuar em direção ao Pacífico. Eles não vão entender. Sei que estou certo, sinto isso lá no fundo. Sei exatamente para onde estou indo, mesmo que não saiba.

Então, ele tomou sua decisão.

Moitessier fez sinal para um navio comercial que passava e pediu que entregassem uma mensagem. Era uma carta endereçada ao editor do *The Sunday Times* que dizia o seguinte:

> *Caro Robert, hoje é dia 18 de março. Sigo sem parar em direção às ilhas do Pacífico porque estou feliz no mar e, talvez, para salvar minha alma.*

Moitessier pediu ao capitão que entregasse a mensagem ao cônsul francês.

Então abandonou a corrida, deu meia-volta em seu barco e partiu rumo ao Taiti.

Ele escreveu em seu diário:

> Agora a história é entre *Joshua* e mim, entre mim e o céu; uma história só nossa, uma grande história que não diz mais respeito aos outros. [...] Ter tempo, ter escolha, não saber para onde se vai e simplesmente ir para lá mesmo assim, sem preocupações, sem fazer perguntas.

Para algumas pessoas em terra firme, Moitessier havia enlouquecido. Em sua cabeça, ele havia encontrado a própria versão de sanidade.

Ele ancorou no Taiti em junho, construiu uma casa na praia, cultivou a própria comida e escreveu um livro sobre navegação.

"Vocês não conseguiriam entender como eu estou feliz", escreveu.

Em um toque de ironia, o Taiti estava tão longe do caminho e exigia tanto retorno que, apesar de ter desistido da corrida, Moitessier acabou por dar mesmo a volta ao mundo e estabeleceu um recorde mundial para a mais longa navegação solo sem parar — mais de 37 mil milhas.

Não há nenhuma menção a esse fato em seu livro. Ele não parecia se importar que alguém soubesse, e certamente não queria chamar a atenção.

O objetivo dessa história não é ridicularizar Crowhurst nem vangloriar Moitessier. Nove meses sozinho no mar são suficientes para deixar qualquer um maluco. Tenho empatia pela sensação de desespero de Crowhurst. E a decisão de Moitessier, embora talvez correta para ele, seria desastrosa para a maioria das pessoas, que valorizam a aceitação social e até anseiam por ela.

Mas exemplos extremos geralmente enfatizam emoções que muitas pessoas vivenciam todos os dias, e acho que esse é o caso aqui.

É muito simples: Crowhurst era viciado no que as outras pessoas pensavam de suas realizações, enquanto Moitessier não poderia se importar menos. Um vivia em busca de referências externas, o outro só se importava com medidas internas de felicidade.

E saber a diferença entre as duas coisas é muito, muito poderoso.

Warren Buffett disse: "A grande questão sobre como as pessoas se comportam é se elas têm um placar interno ou externo. Conseguir se satisfazer apenas com um placar interno ajuda muito".[2]

Ele usou este exemplo: você prefere ser conhecido como o melhor investidor do mundo, mas na realidade ser o pior, ou ser considerado o pior investidor do mundo, quando na verdade é o melhor?

Esse é mais um exemplo extremo, mas faz pensar sobre o que realmente importa.

Toda decisão que tomamos ao gastar dinheiro se enquadra em uma dessas duas categorias: você está gastando dinheiro em algo porque isso faz com que as pessoas pensem sobre você de outra forma — gostem mais de você, fiquem mais impressionadas, talvez até sintam inveja — ou porque isso realmente alimenta sua alma e o faz feliz?

Usando a estrutura de Buffett: você prefere que as pessoas fiquem impressionadas com suas posses, mas ser infeliz por dentro, ou que ninguém se importe com o que você possui e acordar feliz todos os dias?

Não faço ideia de como encontrar o equilíbrio perfeito entre as referências internas e externas. Mas sei que existe uma forte atração social por referências externas — seguir um caminho definido por outra pessoa, quer você goste dele ou não. As redes sociais tornam isso dez vezes mais poderoso.

Também sei que existe um forte desejo natural por referências internas — ser independente, seguir seus próprios hábitos e fazer o que você quiser, quando quiser, com quem quiser.

Esse é o objetivo maior do dinheiro, porque é o que a maioria das pessoas *realmente* deseja.

A seguir, uma importante reviravolta nessa ideia, com a história de um homem cego que pode nos ensinar muito sobre a felicidade.

O que faz você feliz

Uma vida boa contém tudo de que você precisa mais um pouquinho do que você quer. Se você tem tudo o que quer, não valoriza nada do que tem.

QUANDO ERA BEBÊ, Michael May sofreu um acidente terrível que o deixou completamente cego. Uma cirurgia milagrosa restaurou sua visão aos 46 anos, e foi aí que, do seu ponto de vista, ele pôde ver o mundo pela primeira vez.

Quando May saiu do consultório médico após a bem-sucedida cirurgia, passou pela sala de espera e uma coisa o deteve: o carpete. O carpete padrão sem graça do consultório.

"Olha só essas formas! Essas cores!", disse ele empolgado à esposa. Era a coisa mais linda que sua mente poderia imaginar.

Ao olhar ao redor da sala de espera, viu outros pacientes aguardando por suas consultas. May não conseguia entender por que nenhum deles estava admirado com o carpete. Será que não estavam vendo o mesmo que ele? O biógrafo de May, Robert Kurson, escreve: "Ele não conseguia acreditar que todos estavam sentados ali, ignorando o carpete — como uma pessoa poderia ficar sentada ali quando havia um carpete daqueles?".[1]

Em determinado momento, May para e murmura: "É azul. Ah, meu Deus, é azul". Ele já havia sonhado com a aparência das cores, mas sua mente nunca havia conseguido entendê-las até aquele momento.

Ao continuar andando pelo edifício, fez a mesma coisa com a tinta na parede, as placas de saída e — o mais impressionante de tudo — ao ver números em um pedaço de papel pela primeira vez.

Era tudo tão bonito, tão impressionante. Como nunca tinha enxergado, May estava tendo provavelmente dez mil vezes mais prazer e admiração ao olhar para um carpete de consultório do que você e eu teríamos ao ver o mais perfeito e radiante pôr do sol.

Não há muito o que aprender com isso? As coisas mais mundanas podem parecer incríveis quando contrastam com aquilo a que estamos acostumados.

Uma coisa estranha é que todo mundo se esforça para ter uma vida boa porque acha que isso trará felicidade. Mas o que realmente traz felicidade é o contraste entre o que você tem agora e o que estava experimentando.

A melhor bebida que você vai provar é um copo d'água da torneira quando estiver com sede.

A melhor refeição que você já comeu é uma comida barata quando está morrendo de fome.

O melhor sono que você dormirá é quando seu filho recém-nascido permite que você tire uma soneca rápida.

Não existe uma experiência objetivamente boa — todo tipo de "bom" é apenas a lacuna entre expectativas e realidade. É a distância entre o que você tem agora e o que você tinha ou esperava antes. O contraste, e não a quantidade, é o que faz você feliz.

Poucas coisas são tão importantes de se ter em mente ao gastar dinheiro.

Uma vida boa contém tudo de que você precisa mais um pouquinho do que você quer. Se você tem tudo o que quer, não valoriza nada do que tem.

William Dawson escreveu:

> Uma das coisas que menos se percebe sobre a riqueza é que todo o prazer no dinheiro termina no ponto em que economizar se

> torna desnecessário. O homem que pode comprar tudo o que deseja sem consultar o gerente do seu banco não valoriza nada do que compra.[2]

A expectativa de algo para o qual se está economizando, a surpresa de receber algo que não se esperava, a mudança de circunstâncias de um período para o outro é o que faz com que certas compras pareçam valiosas.

Pense em como você se sentiu quando recebeu o primeiro salário do seu primeiro emprego. Se comemorou com apenas um milk-shake barato, provavelmente teve a sensação de alegria do tipo: *eu consegui. Fui eu que comprei. Com meu próprio dinheiro.* Passar de não poder comprar nada para poder comprar alguma coisa é uma sensação incrível.

A lacuna entre o esforço e a recompensa é uma grande parte do que faz as pessoas felizes.

Compare isso com um momento mais adiante de sua carreira, quando (espero) uma poupança já foi construída e seu salário já é maior. Não é que os gastos não o deixem feliz, mas não serão tão emocionantes e repletos de adrenalina como eram quando havia mais esforço e contraste por trás de cada centavo. O mais rico que você provavelmente vai se sentir é quando receber seu primeiro salário e sua conta bancária passar de 5 dólares para, talvez, 500. O contraste gerado por isso pode ser maior do que passar de 10 milhões para 20 milhões de dólares. Passar de nada para alguma coisa pode ser muito mais poderoso do que passar de muito para mais ainda.

Contraste, contraste, contraste. Quando você vê quanto isso é poderoso, entende a importância dele.

Conheço um sujeito que tem um chef particular. Ele faz refeições cinco estrelas três vezes ao dia, algo de que desfruta há anos. É incrível; eu estaria mentindo se dissesse que não sinto inveja. Mas também me pergunto se a alegria diminui com o tempo. Ele não precisa se esforçar para conseguir essas refeições — não há expectativa, não há espera por uma disputada reserva em um restaurante, não há uma diferença contrastante entre uma refeição "normal" e suas iguarias diárias. Será que ele sente mais prazer com sua terceira refeição cinco estrelas do dia que uma criança sente quando o pai oferece uma ida surpresa ao McDonald's e a criança saboreia o primeiro pedaço do lanche? Eu duvido.

Grande parte da felicidade com o dinheiro é lutar contra a esteira do hedonismo — a capacidade de se acostumar com algo que antes era considerado um luxo. Uma forma de lutar contra isso é respeitar a ideia de que os mimos ocasionais podem gerar mais alegria do que o luxo perpétuo.

Certa vez, Arnold Schwarzenegger deu um conselho sobre dieta: "Você deve comer principalmente alimentos que sabe que são saudáveis. [...] De vez em quando, também deve se permitir comer alimentos saborosos que sabe que não são saudáveis. Caso contrário, que sentido faz?".[3]

Que sentido faz? Grande parte da razão pela qual você faz as coisas certas é o fato de que isso faz com que, de vez em quando, fazer a coisa errada (de forma responsável) seja muito melhor.

Há uma versão financeira disso que está relacionada ao capítulo anterior e à ideia de satisfação. Quando você está satisfeito com o que tem no momento, uma surpresa ou um agrado ocasional pode ser incrível. É uma surpresa, é uma alegria. Você valoriza e desfruta mais. E, quanto mais satisfeito estiver agora, com mais frequência vai se deparar com pequenas coisas na vida que parecem ser um mimo — um jantar surpresa, um upgrade de quarto de hotel, um raro excesso, mesmo que não seja dos maiores. Quando você não espera nada, tudo é uma surpresa. Quando tudo é uma surpresa, você anda por aí como Michael May, extasiado com as coisas mais simples, às quais, de outra forma, não daria valor.

Cada pessoa é diferente, mas meu próprio desejo de levar uma vida relativamente simples não significa que eu não goste de coisas boas. É justamente o contrário. Quando você leva uma vida simples e modesta, sua experiência ocasional com coisas agradáveis pode gerar mais alegria do que se você tivesse essas coisas o tempo todo.

Não estou recomendando que você se prive de algo que queira, que possa pagar e que o faça feliz. Estou apenas apontando a influência que suas expectativas têm sobre seu bem-estar. As pessoas amargam jornadas exaustivas em um trabalho do qual muitas vezes não gostam para ter a chance de comprar coisas que supõem que as deixarão mais felizes. Parece uma coisa óbvia. É bem mais difícil admitir que, muitas vezes, há mais vantagens psicológicas em controlar suas expectativas em vez de tentar melhorar suas circunstâncias. O motivo não é apenas que você aprende a ficar feliz com menos, mas também que o mimo ocasional se torna muito mais prazeroso.

O Natal, o feriado da independência, os aniversários e o último dia de aula parecem sensacionais porque acontecem apenas uma vez por ano. A mesma alegria pode ser sentida quando os itens de luxo em sua vida se tornam mimos ocasionais, em vez de necessidades constantes.

O navio de Ernest Shackleton, o *Endurance*, ficou preso no gelo da Antártica. Em pouco tempo, foi destruído.

Shackleton e sua tripulação de 27 homens passaram dezenove meses — de janeiro de 1915 a agosto de 1916 — percorrendo quase 1,3 mil quilômetros para chegar a um lugar seguro em minúsculos botes salva-vidas, com temperaturas que à noite chegavam a vinte graus abaixo de zero.

Eles estavam constantemente passando frio, molhados, famintos e dormindo pouco. Sobreviveram — e o grupo *inteiro* sobreviveu — graças a uma foca capturada aqui e algumas algas marinhas catadas ali. É uma das histórias de sobrevivência mais surpreendentes de que se tem notícia.

Mas, para mim, a parte mais emocionante da história vem no final, quando a tripulação de Shackleton finalmente chegou a uma armação baleeira na ilha da Geórgia do Sul, 2,5 mil quilômetros a leste da Argentina, onde foram acolhidos. O escritor Alfred Lansing escreve:

> Todo o conforto que a armação baleeira podia oferecer foi colocado à disposição de Shackleton [e da tripulação]. Primeiro, eles desfrutaram do glorioso luxo de um longo banho, seguido de um barbear. Em seguida, receberam roupas novas do armazém da armação.

Então, foi servida uma refeição quente, e eles dormiram por doze horas.

Dá para imaginar como deve ter sido essa sensação?

Dá para imaginar como deve ter sido bom tomar um banho, comer uma refeição quente e dormir em uma cama quentinha depois de passar dezenove meses constantemente com frio e faminto?

Mesmo que a água estivesse apenas morna e a comida, meio velha, deve ter sido uma das noites mais agradáveis e satisfatórias que alguém já experimentou.

É uma sensação estranha ler essas histórias. Eu não desejaria jamais passar pelas dificuldades que eles, ou Michael May, enfrentaram. Mas sinto um pouco de inveja da alegria imensa que devem ter sentido quando essas dificuldades tiveram fim.

O mesmo acontece com o dinheiro. Não quero viver uma vida de miséria, privado de qualquer luxo. Mas tenho um desejo ainda maior de experimentar a alegria que o contraste proporciona quando experimento um luxo ocasional, uma surpresa agradável, um mimo inesperado.

Algumas coisas que tenho em mente:

Uma vida simples pode ser a forma mais potente de desfrutar de itens de luxo.

Isso é totalmente contraintuitivo até você perceber como o contraste pode ser poderoso. Descubra seus próprios detalhes, porque cada um é diferente, mas, quando encontro algo que adoro — um restaurante, uma viagem, uma bebida —, tendo a perguntar como posso transformá-lo em um deleite ocasional, em vez de uma nova presença constante.

Quando você se contenta com uma vida simples, o prazer ocasional parece verdadeiramente mágico.

O poder do contraste pode fazer com que as coisas banais pareçam incríveis e as extraordinárias pareçam sem graça.

Pessoas ricas que voam em seus próprios jatinhos particulares lhe dirão que é a coisa mais incrível e satisfatória que a riqueza extrema pode comprar e que nunca perde a graça. Por que nós, pessoas comuns, não dizemos o mesmo sobre nossos próprios carros — nossos "carros particulares"? Minha tese é que a maioria das pessoas que voam em jatinhos particulares voavam em aviões comerciais antes de ficarem ricas e, portanto, lembram-se de todos os percalços de voar como uma pessoa comum: longas filas, passar pelo raio X, pegar o assento do meio, outros passageiros roncando. Comparado a isso, voar em um avião particular é um sonho.

Porém, a maioria das pessoas que dirigem "carros particulares" não têm nada semelhante com o que comparar a experiência. Elas andaram em carros assim a vida inteira. Não há contraste entre a vivência atual e a prévia.

Mas volte ao início século XX, quando os carros *eram* novidade e as pessoas podiam comparar a experiência com a do cavalo e da charrete. O que elas diziam sobre os carros naquela época? Eles pareciam tão mágicos e luxuosos que muitos temiam que dessem origem a uma guerra entre os que os tinham e os que não os tinham, capaz de dividir o país. Em 1906, Woodrow Wilson, que na época era presidente da Universidade de Princeton, disse que: "Nada espalhou mais o sentimento socialista neste país do que o automóvel" e que ele representava "um exemplo da arrogância da riqueza".[4] Exatamente como as pessoas falam sobre jatinhos particulares hoje em dia.

Quando não se tem um contraste com as experiências presentes, coisas incríveis podem parecer completamente banais.

Quando você percebe como as expectativas são poderosas, você se esforça tanto para mantê-las baixas quanto para melhorar suas circunstâncias.

Felicidade, satisfação, alegria... todas essas coisas vêm da experiência de uma lacuna entre expectativa e realidade.

Os homens de Shackleton aprenderam isso. Depois de seu calvário, encontraram muita alegria em pequenas coisas sobre as quais nunca haviam pensado antes. Um membro da tripulação escreveu em seu diário quando chegaram à terra firme: "Um dos melhores dias da nossa vida, [...] é um prazer estar vivo".

Lansing escreveu: "Neste mundo solitário de gelo e vazio, eles haviam alcançado pelo menos um tipo limitado de satisfação. Foram postos à prova e passaram no teste".

Isso é o melhor que se pode esperar.

Os homens de Shackleton ascenderam [illegible]. Depois de [illegible]
[illegible] que [illegible] pequenos cumes [illegible]
[illegible]
[illegible] quando [illegible] terra firme. [illegible]
[illegible]

[illegible]

[illegible]

[illegible]

[illegible]

Riqueza e fortuna

Ser controlado pelo dinheiro é
uma forma oculta de dívida.
E, como toda dívida, ela acabará
sendo paga com juros.

PERMITAM-ME FAZER UMA distinção entre riqueza e fortuna. As definições são minhas, mas sempre as considerei úteis.

Riqueza é ter no banco dinheiro que lhe permita comprar as coisas que deseja.

Fortuna é ter controle sobre o que esse dinheiro faz com sua personalidade, sua liberdade, seus desejos, ambições, moral, amizades e saúde mental.

Ao aprender a gastar dinheiro de uma forma que traga felicidade, descobri que não se trata tanto de quanto dinheiro você tem nem de quanto gasta. O truque é se você tem — ou deseja ter — essas definições de riqueza ou fortuna.

O dinheiro é uma ferramenta poderosa, capaz de moldar a vida das pessoas de forma extraordinária.

Essa afirmação pode ser uma inspiração ou uma maldição, porque a verdade é a seguinte: se você não descobrir como usar o dinheiro corretamente, *ele vai usar você.*

Ele o controlará. Fará de você prisioneiro, sem misericórdia e sem nenhuma empatia.

Algumas pessoas são tão controladas pelo dinheiro que acreditam estar correndo atrás dele para ter uma vida melhor, mas, na verdade, o dinheiro as manipula como uma marionete, mexendo as cordinhas e exigindo que corram atrás de coisas de que talvez não gostem e que desejem aquilo que nem mesmo entendem.

Se eu perguntasse: "É bom ser obcecado por drogas, álcool, fama ou poder?", você obviamente diria que não — a obsessão por praticamente *qualquer coisa* pode se tornar um risco, porque ela começa a controlar você. O que você pretendia que fosse uma ferramenta se torna um ditador autoritário.

Uma perigosa obsessão por dinheiro — principalmente por gastá-lo — pode entrar em sua vida sem que você perceba, porque a sedução do que o dinheiro pode fazer por você é muito encantadora. A ideia de que será mais feliz se tiver mais dinheiro para gastar é tão poderosa e universal que as pessoas têm dificuldade de distinguir uma ambição nobre de uma obsessão perigosa.

Qualquer um, em qualquer nível de renda, pode ser controlado pelo dinheiro. No entanto, o poder desse controle é visto sob uma lente de aumento entre os muito ricos, que são abençoados com enormes quantias de dinheiro, mas muitas vezes amaldiçoados pelo controle que ele exerce sobre suas vidas.

Perceber que alguém com tanto dinheiro perdeu o controle sobre a própria vida pode ser chocante e provocar incredulidade. Ernest Hemingway disse que o também escritor F. Scott Fitzgerald tinha uma "admiração romântica pelos [ricos]. [...] Ele achava que eles eram uma raça especial e glamourosa e, quando descobriu que não eram, isso o arrasou como nenhuma outra coisa havia arrasado".[1]

Deixe-me compartilhar a história de uma das famílias mais ricas da história, que era tão obcecada por gastar dinheiro que levou uma vida que considero mais lamentável do que invejável.

Reginald Claypoole Vanderbilt nasceu em uma família marcada por rivalidades amargas, egos frágeis e expectativas inatingíveis. Esse foi o ponto de partida ladeira abaixo.

Quando o bisavô de Reggie, Cornelius "Commodore" Vanderbilt, morreu, em 1877, o *New York Daily Tribune* publicou um editorial prevendo o legado do homem mais rico do mundo:

> O caso Vanderbilt é uma lição impressionante sobre a insensatez de tentar "fundar uma família" com base apenas no acúmulo de dinheiro.
>
> A ideia dominante dos últimos anos do velho Commodore era acumular uma fortuna que deveria permanecer por gerações como um monumento ao nome Vanderbilt e fazer do patriarca da família uma figura de poder permanente na sociedade norte-americana.
>
> Não há outro país no mundo em que fortunas sejam feitas tão rapidamente [...] e nenhum em que o dinheiro herdado tenha feito tão pouco por seus detentores.
>
> O dinheiro dos Vanderbilt certamente não está trazendo felicidade nem grandeza para seus atuais detentores, e não temos dúvida de que, no decorrer de alguns anos, ele seguirá o caminho da maioria das fortunas norte-americanas; uma multidão de herdeiros irá gastá-lo e ele será absorvido pelo vasto sistema de circulação monetária do país.[2]

Era uma previsão assombrosa — e subestimou o que estava por vir.

Ajustado pela inflação, Cornelius Vanderbilt deixou para seus herdeiros algo em torno de 300 bilhões de dólares. Ele supostamente tinha mais dinheiro do que o Tesouro Norte-Americano.[3] Passados sessenta anos, não restou quase nada.

O dinheiro foi para três gerações cujo objetivo de vida era ver quem conseguia gastá-lo mais rapidamente e de forma mais imprudente. Os primeiros herdeiros se sentiram no dever de administrar os negócios da família; com o tempo, esses "negócios da família" se transformaram em insegurança e ressentimento.

Em 1875, um artigo de opinião dizia que socialites "se dedicam ao prazer independentemente das despesas". Um Vanderbilt brincou dizendo que, na verdade, elas "se dedicam às despesas, independentemente do prazer".[4]

Essa honesta confissão era de fato o cerne da questão. Era um jogo que não podia ser vencido, logo, todo mundo saiu perdendo.

Ser controlado pelo dinheiro é uma forma oculta de dívida. E, como toda dívida, ela acabará sendo paga a um custo significativo.

Reggie foi um dos últimos Vanderbilt a herdar um quantia significativa. Em seu aniversário de 21 anos, recebeu 12,5 milhões de dólares, ou cerca de 350 milhões em valores atuais.

O biógrafo da família, Arthur Vanderbilt, escreve:

> Autoindulgente, preguiçoso, desinteressado, Reggie não tinha absolutamente nenhum senso de responsabilidade ou propósito além de evitar o tédio. [...] nunca teve um emprego nem fez nada da vida. Quando lhe perguntavam sua ocupação, ele geralmente respondia: "Cavalheiro". [...] A única forma de Reggie se destacar era viver a vida de um playboy rico. E ele fazia isso com dedicação e habilidade extremas.[5]

Os dois grandes amores de Reggie eram a bebida e o jogo. A primeira o matou aos 40 anos, com uma cirrose tão grave que o fluxo sanguíneo do fígado foi sufocado e empurrado para o esôfago, onde as veias se romperam abruptamente e o fizeram sufocar em uma poça de sangue enquanto a família assistia, horrorizada. O segundo o deixou sem dinheiro — depois que as dívidas foram pagas, o testamento de Reggie era quase irrelevante, pois ele não tinha nem perto da quantia prometida aos herdeiros.[6]

Os Vanderbilt tiveram as maiores casas, os móveis mais esplêndidos, as festas mais extravagantes e as viagens mais requintadas. No entanto, grande parte disso foi comprado como um monumento à própria riqueza — praticamente adorando-a como uma divindade —, em vez de usado como uma ferramenta que poderia melhorar a vida da família. O resultado foi algo entre o absurdo e o trágico.

Enquanto a vida de Reggie estava fora de controle, George Washington Vanderbilt, outro herdeiro, passou seis anos construindo a casa Biltmore, com 12,5 mil metros quadrados, quarenta suítes e uma equipe de quase quatrocentos funcionários em tempo integral. Ele supostamente passava pouco tempo na casa, porque parecia mais um prédio comercial do que um lar aconchegante — era "completamente inadequada para qualquer arranjo de vida possível", como disse um amigo. No entanto, o custo de manutenção era tão alto que quase levou Vanderbilt à falência. Noventa por cento do terreno foi vendido para pagar dívidas fiscais, e a casa foi transformada em atração turística.

Em seguida, houve rixas na família sobre quem conseguia encomendar o maior iate, comprar a obra de arte mais cara ou casar-se com a pessoa de sangue mais azul. A rivalidade — e não o prazer material — era o ponto principal, garantindo que a felicidade estivesse sempre fora de alcance. Houve casamentos arranjados, disputas amargas intermináveis sobre heranças e quase nunca uma chance para os herdeiros encontrarem seu próprio caminho ou serem conhecidos como algo além de administradores de fundos.

Pouco antes de morrer, em 1920, William Vanderbilt disse: “Minha vida jamais esteve destinada a ser feliz. A riqueza herdada é um verdadeiro obstáculo à felicidade. É uma morte para a ambição, assim como a cocaína é para a moralidade”.[7]

Em praticamente todas as oportunidades, o dinheiro destruiu a família, levando a um nível de disfuncionalidade e insegurança que ninguém desejaria nem para os inimigos.

Poucas pessoas gostariam de trocar de vida se investigassem a fundo a trajetória dos herdeiros dos Vanderbilt — os membros mais sortudos da história do clube dos espermatozoides sortudos. Você olha para essa enorme riqueza que destruiu a família e começa a se perguntar: “Que sentido fez?”.

O sentido, como o *New York Daily Tribune* percebeu logo de cara, não era ter uma vida maravilhosa. Não era usar o dinheiro como uma ferramenta para trazer mais felicidade, mais satisfação, mais conquistas ou mais alegria. O objetivo era apenas ser rico e gastar — ser valorizado “sem nenhuma outra base do que a posse de dinheiro em si”.

Em vez de usar o dinheiro para construir uma vida, a vida deles foi construída em torno do dinheiro; em vez de ativo, a herança funcionou como uma dívida inestimável de estilo de vida, passada de geração em geração, até que, misericordiosamente, não restasse mais nada.

É difícil ter empatia por herdeiros bilionários. Mas o que importa aqui é diagnosticar o problema, porque ele afeta muita gente comum: os Vanderbilt são um dos exemplos mais claros de como o dinheiro controla uma pessoa, em vez de ser usado como uma ferramenta para melhorar a vida dela. Eles viviam para servir ao seu dinheiro, e não o contrário.

Esse não é um caso isolado. O empresário David Siegel construiu uma casa de 8 mil metros quadrados na Flórida. Quando lhe perguntaram por que estava construindo uma casa tão grande, ele pensou um pouco e respondeu: "Porque eu posso".[8] Cada um faz o que quer, mas ele não disse nada sobre as lembranças que a propriedade criaria nem sobre o prazer que traria — apenas: "porque eu posso". Isso, para mim, cheira a alguém cujo dinheiro tem total controle sobre sua personalidade. (Voltando à ferramenta: se alguém perguntasse por que você está usando uma chave de fenda, você não diria "Porque eu posso". Você diria: "Porque ela me ajuda a pendurar quadros na parede e montar móveis". A estrutura "mestre ou ferramenta" é muito poderosa quando fazemos a comparação.)

Harvey Firestone, o falecido magnata dos pneus, parece ter caído nessa mesma armadilha. Para seu crédito, ele estava ciente do jogo bobo que seu dinheiro o fazia jogar. Escreveu em seu livro de memórias de 1926:

> Por que um homem, assim que consegue dinheiro suficiente, constrói uma casa muito maior do que precisa?
>
> Tenho uma casa em Akron muitas vezes maior do que o mínimo uso que faço dela; tenho outra em Miami Beach que também é muito maior do que preciso. Suponho que, antes de morrer, vou comprar ou construir outras casas que também serão maiores do que preciso.
>
> Não sei por que faço isso — as casas são apenas um fardo. Mas elas estão lá, e todos os meus amigos que conquistaram riqueza têm casas grandes. Até mesmo um homem que pouco ostenta, como Henry Ford, tem uma casa muito maior em Dearborn do que ele realmente precisa.

Eu me pergunto por que isso acontece. Talvez seja alguma reminiscência estúpida da antiga ideia feudal, quando uma casa grande significava uma casa forte, na qual se podia manter um pequeno exército para sua proteção. Em alguns casos, uma casa grande é construída apenas para a pessoa proclamar que é rica; às vezes, uma casa grande é construída para que se possa dar grandes festas.

Mas, na maioria dos casos, principalmente no caso de homens que conquistaram seu próprio dinheiro, a casa é simplesmente construída e, quando fica pronta, ninguém sabe ao certo por que aquilo começou.[9]

As casas são apenas um fardo... Não sei por que faço isso... Eu me pergunto por que isso acontece. Admiro a sinceridade dele, mas a confissão é surpreendente.

Um dos netos de Reggie Vanderbilt — o radiojornalista Anderson Cooper — foi um dos primeiros herdeiros dos Vanderbilt a quem nunca foi prometida nenhuma riqueza dinástica.

Isso talvez tenha sido uma bênção. Ele não apenas é o herdeiro dos Vanderbilt mais bem-sucedido em mais de um século como parece ser o mais feliz.

Cooper disse certa vez sobre herança: "Acho que ela é um sugador de iniciativa. Acho que é uma maldição. Se, desde a minha infância, eu soubesse que havia um pote de ouro à minha espera, não sei se teria me sentido tão motivado quanto me senti".[10]

Livre da obsessão pelo dinheiro, ele pôde encontrar sua paixão e entender o valor de cada centavo. É como se tivesse sido o primeiro da família a cortar as cordinhas da marionete, recusando-se a deixar que o dinheiro controlasse quem era ou a vida que levava.

Voltando à diferença entre riqueza e fortuna.

Eu acho fascinante histórias como a dos Vanderbilt. Eles eram as pessoas mais ricas do mundo, mas, pela minha definição, com uma das menores fortunas. Para eles, o dinheiro era menos um acessório e mais um passivo social e mental que os obrigava a levar uma vida de busca por status, deixando quase todos visivelmente infelizes.

Não importa quanto dinheiro você ganhe, qualquer um pode cair nessa armadilha. E eu espero que você consiga escapar dela.

Se quiser saber de alguém que tem o que eu chamo de fortuna, veja o exemplo de Chuck Feeney.

Feeney, que foi cofundador das lojas Duty Free, morreu em 2023.

A parte conhecida de sua história é que ele foi o bilionário mais frugal que já existiu.

Doou 99,99% de sua fortuna de 8 bilhões de dólares anos antes de morrer. Ele e a esposa ficaram com 2 milhões, moravam em um apartamento pequeno, voavam de classe econômica e levavam uma vida discreta.

A parte menos conhecida da história de Feeney é o fato de ele ter tentado, de verdade, viver uma vida de luxo. O *Washington Post* escreveu sobre sua vida na década de 1980, quando ele era um novo rico:

> Ele tinha apartamentos de luxo em Nova York, Londres e Paris e fazia pequenas viagens elegantes para Aspen e a Riviera Francesa. Divertia-se com os outros megarricos em iates e jatinhos particulares. Podia bancar o que quisesse.[11]

Feeney logo percebeu que isso não era para ele. A sociedade lhe dizia que ele deveria desejar essas coisas. Mas não era isso que o fazia feliz de verdade.

Doar dinheiro fazia.

"Eu me sinto feliz quando o que faço é ajudar as pessoas, e infeliz quando o que faço não é ajudar as pessoas", disse Feeney.[12]

Eu adoro isso.

Ou, mais especificamente: adoro o fato de ele adorar isso.

Ele não seguiu o caminho típico do que outras pessoas lhe disseram para gostar ou como viver.

Feeney não venerava o próprio dinheiro e não deixava que ditasse como deveria viver, controlasse quem era nem que o prendesse a uma vida de busca por status.

Descobriu o que o fazia feliz e usou sua (enorme) riqueza como uma ferramenta para ser ainda mais feliz. Ele pode ter parecido frugal, mas, na verdade, era a pessoa mais livre e independente de que você já ouviu falar.

O que ele tinha era *fortuna*.

Feeney é uma pessoa que considero um modelo a ser seguido, não por causa do quanto ganhava ou do estilo de vida que levava, mas porque claramente tinha o controle do dinheiro que possuía, sem nunca deixar que se tornasse o senhor de sua vida. Se os Vanderbilt eram uma família construída "com base apenas no acúmulo de dinheiro", Feeney era o oposto. Era um homem formado com base na moral e na individualidade, e que, por acaso, tinha muito dinheiro. Em vez de um monumento a ser venerado, o dinheiro que ele tinha era uma ferramenta usada da mesma forma que um mecânico usa uma chave inglesa.

Qualquer um, em qualquer faixa de renda, pode aprender com isso.

Meu amigo David Perell escreveu:

> As pessoas que mais admiro têm uma forma de escapar da bolha da cultura. Às vezes, por meio da religião; às vezes, por meio de livros antigos; às vezes, por meio de tempo na natureza. Sem essa fuga, a propaganda vence. Você para de pensar por si mesmo. As ilusões modernas se transformam em um vírus mental que corrói tudo.[13]

Essa é grande parte do conceito de riqueza *versus* fortuna. Para ser feliz, é preciso ser você mesmo. Se aceitar cegamente a capacidade do dinheiro de afetar sua personalidade e ditar como você vive, ele rapidamente assume o controle.

Quando ponho essa teoria em prática na minha própria vida (sem fundos fiduciários, bilionários nem magnatas), mantenho três coisas em mente.

Nos relacionamentos, existe a ideia de que você não pode ser feliz com um parceiro se não puder ser feliz sem ele. O mesmo vale para gastar dinheiro.

Lembre-se da fascinante descoberta das finanças comportamentais de que é mais provável que ter mais dinheiro o faça feliz se você já era feliz antes de ter mais dinheiro.[14] E o outro lado da moeda: suprido um nível básico de necessidades, é difícil que mais dinheiro o faça feliz se você ainda não estiver feliz com quem você é.

Sua moral, seus valores, sua personalidade, suas amizades, as pessoas de quem busca atenção e admiração — você deve controlar essas coisas independentemente de quanto dinheiro tenha para uma vida decente. O perigo é presumir que mais dinheiro vai melhorar tudo isso; é aí que o dinheiro que você possui — ou mesmo apenas sua sede por mais dinheiro — assume o controle da sua vida.

Se você já está satisfeito com quem é, naturalmente vê o dinheiro como uma ferramenta a ser usada para tornar as coisas ainda melhores. É nesse momento que percebe que o que você tem é uma fortuna.

Separe o que você gosta do que você quer.

Essas coisas podem ser muito diferentes. Muitas pessoas gostam de cigarros porque sentem prazer, mas poucas realmente os *querem*. Eu gosto de navegar sem rumo pelas redes sociais, mas não quero necessariamente fazê-lo — essas coisas são apenas vícios e controlam a pessoa, em vez de se tornarem ferramentas para ajudar a melhorar a vida.

O que eu quero comprar são coisas de que gosto e que não me deixam maluco se não posso tê-las o tempo todo — um jantar caro de vez em quando, uma viagem de férias com a família, roupas bonitas aqui e ali. Se, por qualquer motivo, eu tivesse que deixar de gastar com essas coisas, talvez fosse um pouco doloroso, mas minha família e eu ficaríamos bem. Eu gosto delas, mas não sou obcecado por elas — elas não me controlam. Acho que assim, e somente assim, você sabe que o dinheiro está sendo usado como uma ferramenta para ajudá-lo, e não como um mestre a quem obedecer.

Existe um ditado estoico que se encaixa bem aqui: "É pouco provável que você tenha uma vida boa e com sentido a menos que consiga superar sua insaciabilidade".

Não se orgulhe do que você consome.
Orgulhe-se do que você construiu.

A família que construiu, as amizades que fez, as lembranças que tem, a sabedoria que acumulou. Há momentos em que as coisas que você compra podem ajudar a produzir lembranças e promover tempo de qualidade com amigos e familiares. Mas são as pessoas, e não as coisas, que realmente têm significado.

Warren Buffett afirmou ter amigos muito ricos que têm tudo — mansões, jatinhos particulares e até alas de hospitais com seus nomes. "Mas a verdade é que ninguém no mundo os ama", disse ele. "Se você chegar à minha idade e ninguém gostar de você, não importa o tamanho de sua conta bancária, sua vida terá sido um desastre."[15]

Você conquistou riqueza, mas a fortuna ainda está distante.

Não se orgulhe do que você consome.

[illegible]

Utilidade *versus* status

O valor de determinada coisa é seu potencial de ajudá-lo a viver a vida que você quer. E só.

Uma vez, ouvi alguém dizer que um Toyota de alto padrão é melhor do que um BMW básico, porque o Toyota é repleto de itens que tornam mais agradável dirigir — bancos confortáveis, um ótimo sistema de som, teto solar —, enquanto o BMW básico, em grande parte, serve apenas para ostentar.

Eu adoro esse ponto de vista.

Um bom Toyota equipado com todos os opcionais tem *utilidade*. Ele torna sua vida melhor. Você o compra pensando em si mesmo.

O BMW básico tem *status*. Ele (possivelmente) muda a opinião das outras pessoas em relação a você. Você o compra pensando nelas e para chamar a atenção delas.

Essa é uma distinção muito importante de se fazer na hora de gastar dinheiro. Talvez seja a mais importante, porque vai direto ao ponto: ou seja, se você está usando o dinheiro como uma ferramenta para construir uma vida melhor ou como uma medida para se comparar com os outros.

Um modelo imperfeito que uso na minha própria vida é pensar da seguinte forma: se eu e minha família estivéssemos presos em uma ilha, sem ninguém por perto para nos ver, e pudéssemos ter todos os bens materiais que quiséssemos, o que teríamos?

Nessa situação, você valorizaria instantaneamente a utilidade em vez do status. Valorizaria o conforto em vez da aparência, o tecido certo mais do que o logotipo certo, a função mais do que a marca, a durabilidade mais do que o prestígio, a praticidade mais do que o tamanho, uma ótima vista mais do que um bairro famoso e a interação mais do que a hierarquia social. Você desejaria um Toyota de alto padrão, não um BMW básico. Desejaria utilidade em vez de status.

Não sou contra comprar coisas apenas por status. Fazer parte do grupo social escolhido é um aspecto importante de uma vida feliz, e os benefícios sociais do status podem ser enormes para aqueles que o conquistam.

O que acho fascinante são os casos em que as pessoas confundem as duas coisas. E isso é muito comum.

Às vezes, elas acham que estão comprando algo bom porque isso tornará sua vida mais agradável, confortável, interessante ou gratificante. Mas, sem saber, o que estão comprando é uma chance de que outras pessoas prestem atenção nelas, de preferência com bons olhos.

Para tudo o que você compra, é vital identificar o que é o quê — por que você realmente quer comprar aquilo — e perceber que cada coisa oferece resultados e benefícios muito distintos.

O bilionário Bill Koch contou que um de seus irmãos coleciona dinheiro, e outro coleciona mulheres. Ele prefere vinhos.

A adega de Koch já teve uma coleção de fama internacional, com mais de 43 mil garrafas. Ele amava isso. "Dá para saborear o amor do viticultor", diz ele, chamando o consumo de vinhos raros de "beber história", algo equivalente a uma experiência religiosa.[1]

Algumas das garrafas de Koch eram as melhores e mais raras já vendidas: uma vez ele pagou 400 mil dólares por quatro garrafas que supostamente haviam pertencido ao ex-presidente dos Estados Unidos Thomas Jefferson. As garrafas tinham sido autografadas por Jefferson. Quando Koch soube que estavam à venda, disse: "Eu preciso disso". E pronto.

Era um tesouro incrível que ele gostava de exibir, até que historiadores do espólio de Jefferson disseram a Koch que as garrafas eram falsas.

Assim começou um projeto de pesquisa para determinar a autenticidade de sua coleção. Ele contratou investigadores que descobriram — o que talvez não seja nenhuma surpresa — que várias centenas de suas garrafas mais caras e cobiçadas eram falsificações baratas.

A falsificação de vinhos é um grande negócio. O mesmo acontece com bolsas, óculos de sol, sapatos e joias. O National Crime Prevention Council afirma que são vendidos 2 trilhões de dólares em produtos falsificados ao redor do globo a cada ano — o maior mercado ilegal do mundo.

Grande parte da razão pela qual as falsificações se proliferaram nos últimos anos é o fato de que os golpistas se tornaram tão bons em produzi-las que até mesmo os especialistas têm dificuldade de identificá-las.

É algo bem curioso, pensando bem.

Alguns produtos são caros porque são considerados de qualidade superior. Mas até mesmo compradores astutos e as próprias marcas premium podem ter dificuldade em identificar falsificações porque a qualidade do produto falso é muitas vezes... bastante parecida com a do real.

Um dos golpistas que enganou Bill Koch foi um entusiasta chamado Rudy Kurniawan. Ele foi preso em 2012 por comandar uma grande operação de falsificação de vinhos. Kurniawan conseguiu vender bebidas falsas para alguns dos bebedores de vinho mais talentosos do mundo durante anos porque suas falsificações não apenas pareciam boas — elas *eram* boas, com um paladar autêntico. Ele era mestre em misturar vinhos baratos, colar um rótulo falso que fazia os colecionadores salivarem e vendê-los a preços exorbitantes.

O mesmo acontece com bolsas falsificadas. Em 2016, uma mulher foi condenada por comprar bolsas no valor de 400 mil dólares em lojas de departamento, devolver às lojas falsificações idênticas e revender as verdadeiras na internet.[2] Ela conseguiu aplicar o golpe por anos porque as bolsas que devolvia pareciam autênticas.

Se o sabor de um vinho falso ou a qualidade de uma bolsa falsificada forem indistinguíveis dos verdadeiros, você não deve se incomodar se o seu objetivo for a utilidade. Mas, muitas vezes, não é.

O que você queria era status.

Você queria mostrar aos outros — e saber no seu íntimo — que possui algo que poucos podem ter. Isso faz com que você se sinta melhor em relação a quem é e ao que conquistou.

E, mais uma vez, não há problema algum! Eu mesmo faço isso às vezes, claro.

Mas comprar uma coisa por sua utilidade, em vez de seu status, proporciona uma experiência e um resultado totalmente diferentes.

O escritor David Brooks escreveu uma vez sobre uma viagem à África. Ele e a família se hospedaram em sete locais diferentes — alguns modernos e luxuosos, outros em estilo acampamento, sem água encanada. Após a viagem, eles perceberam que gostaram mais dos acampamentos de baixo custo do que dos belos hotéis. Nos acampamentos baratos, puderam socializar com os locais e conhecer outros hóspedes. Os filhos dele jogavam futebol com os funcionários. Nos hotéis caros, eles ficavam isolados em casulos de segurança estéril. Este era todo o atrativo dos bons hotéis: "Hospede-se aqui e você mal vai perceber a diferença entre Manhattan e o Serenguéti". Mas isso não era de forma alguma o que a família queria. A busca pelo luxo e, talvez, pelo status comprometeu a utilidade da viagem.[3]

O sequestro da utilidade pela busca por status é muito comum em nosso dia a dia. Pense no fardo que é manter uma casa maior do que você precisa ou no estresse que sente ao comprar um carro bonito que mal consegue pagar. A utilidade ser devorada pelo status é uma das frustrações mais comuns dos gastos modernos.

"As pessoas geralmente são ruins em saber como gastar seu dinheiro", escreveu Brooks. "Quando temos alguma renda extra, gastamos com privacidade, espaço e requinte [...] mas, de repente, olhamos em volta e vemos que estamos do lado errado [da linha que separa o que nos faz feliz do que faz as pessoas prestarem atenção a nós]."

A questão não é achar que o status não tem valor nenhum. Isso pode ser desastroso — se você não se importa com o que as pessoas pensam de você, existe uma boa chance de que *ninguém* pense em você. Você vai se ver isolado do mundo social, que pode ser o elemento mais importante de felicidade em sua vida.

Mas você talvez perceba que dar maior valor à utilidade do que ao status é importante por dois grandes motivos:

Comprar coisas pela utilidade permite que você expresse sua identidade, enquanto a busca por status geralmente faz com que você se ajuste à identidade dos outros.

Quase que por definição, a busca por status é a busca por mostrar às pessoas o que *elas* querem ver. Isso pode ser perigoso em um mundo em que somos todos tão diferentes — em gostos, objetivos, habilidades. Você pode acabar gastando tempo e dinheiro demais preparando um espetáculo para pessoas de quem nem gosta, porque elas são muito diferentes de você, principalmente quando é sincero sobre quem é e o que quer da vida. Ajustar-se aos pontos de vista alheios é um sacrifício que tem um custo real, mas oculto.

A utilidade, por outro lado, é profundamente egoísta de uma forma maravilhosa. Sua meta principal passa a ser melhorar a própria vida e a daqueles que você ama, sem se importar com as opiniões e a atenção dos outros.

Como escritor, sempre acreditei no que chamo de "escrita egoísta". Escrevo para um público de uma pessoa só: *eu*. Escrevo histórias que acho interessantes sobre assuntos que considero úteis, sem me preocupar se os leitores acham o mesmo. Além de ser mais agradável, acredito que rende um trabalho melhor. O ditado "conheça seu público" pode se transformar rapidamente em "agrade seu público sem nenhum pudor" de uma forma que arruína boa parte da escrita.

A mesma ideia pode se aplicar a muitas coisas na vida, inclusive à forma como gastamos dinheiro.

Quando você valoriza a utilidade em vez do status, o que acontece de fato é que você valoriza a individualidade em vez da conformidade. O resultado, assim como na escrita, pode não apenas ser mais gratificante, mas também melhor. Ao se permitir ser você mesmo, sem se submeter ao que os outros querem, você pode se concentrar naquilo em que é bom e no que realmente o faz feliz.

Experimente, e é provável que descubra que é extremamente talentoso em ser você mesmo, mas um péssimo ator em relação ao que imagina que as outras pessoas esperam que seja.

O prazer que você obtém com a utilidade pode ser mais duradouro do que aquele obtido com o status.

A chave para o sucesso em muitas áreas da vida é resistência e longevidade. Não me interessa nada que não seja sustentável.

Gastar dinheiro em busca de status pode ser gratificante, mas costuma durar pouco. Mesmo quando você consegue chamar a atenção dos outros, em geral seu olhar passa imediatamente para o próximo nível da hierarquia social, de uma forma que você não se sente mais satisfeito do que estava antes. O status é inconstante, e as tendências pelas quais a sociedade o avalia mudam a cada poucos anos, forçando-o a se adaptar a qualquer custo. Não é um jogo barato.

O cérebro também é muito bom em responder a qualquer pergunta que você faça a ele, e viver inundando sua cabeça pensando se está impressionando os outros ou não é um caminho rápido para se sentir inadequado e inseguro.

Os gastos com utilidades tendem a ser mais duradouros.

Não faço ideia de que tipo de coisas vão impressionar alguém daqui a dez anos, mas sei com certeza quase absoluta que vou valorizar o conforto, a confiabilidade, a conveniência e — o mais importante — passar tempo de qualidade com pessoas que eu amo e admiro.

Em *O mesmo de sempre* escrevi que "as coisas que nunca mudam são importantes porque você pode confiar em larga medida que sabe como elas vão moldar o futuro", o que lhe permite investir pesado nelas. Sei que, quando tiver 90 anos, vou dar valor a uma casa com uma linda vista e a lembranças com meus filhos — portanto, posso investir na utilidade que essas coisas proporcionam. Mas determinadas roupas, joias, uma casa grande, um carro veloz...

o que parece incrível hoje pode parecer ridículo — até mesmo constrangedor — daqui a um ano, à medida que você e a sociedade mudam. É um conceito muito simples, mas que pode mudar profundamente a forma como você pensa sobre gastar dinheiro.

A seguir, uma história assustadora sobre as últimas palavras de um ator.

Risco e arrependimento

Um bom conselho nunca é tão simples quanto "Viva o presente" ou "Economize para o futuro". O único bom conselho é "Minimize o arrependimento futuro".

AS ÚLTIMAS PALAVRAS do ator David Cassidy foram: "Quanto tempo perdido".[1]

Que coisa terrível de se perceber quando já é tarde demais. E eu me pergunto se isso se tornará mais comum à medida que muitos de nós passamos nossos dias rolando o feed nas redes sociais.

Daniel Kahneman uma vez disse que uma parte importante de ser bom com dinheiro era ter uma noção bem calibrada de quanto poderia se arrepender no futuro. Você precisa entender com precisão como vai se sentir em relação às suas decisões atuais em diferentes momentos dos anos que estão por vir.

Adoro essa observação; ela é muito poderosa.

Talvez *arrependimento* seja a melhor definição de risco. Ao lidar com dinheiro, risco não é quanto você pode perder. Não é nem necessariamente como vai se sentir com a perda — com o tempo, muitas experiências dolorosas se transformam em lições preciosas. O risco real é o arrependimento (ou a ausência dele), que pode surgir anos ou décadas depois.

Esse conceito desempenha um papel muito importante quando se pensa em como gastar dinheiro.

Um dos maiores conflitos na gestão financeira é encontrar o delicado equilíbrio entre as duas forças mais poderosas do mundo:

- **Os juros compostos**, que transformam a paciência de hoje em fortunas amanhã.

- **O fato de que você está um dia mais perto da morte do que estava ontem**, portanto, deve aproveitar ao máximo seu curto tempo aqui e desfrutar cada dia que tiver a sorte de estar vivo. Há um provérbio escocês que diz: "Seja feliz enquanto está vivo, pois você vai passar muito tempo morto".

A dificuldade é saber quanto você deve investir para o futuro e quanto deve gastar hoje.

Não é um problema fácil de resolver. E é profundamente pessoal — não é o tipo de coisa para a qual se pode usar uma fórmula universal.

Para mostrar o que quero dizer, vou contar uma história sobre expectativa de vida animal.

Vamos refletir um momento sobre o coitado do peixe barrigudinho, que tem uma existência muito infeliz, mas nos ensina algo importante sobre pensar no futuro.

Pequeno, de cores vivas e péssimo em se defender, o barrigudinho enfrenta uma taxa excepcionalmente alta de ataques de predadores. Aves se alimentam de barrigudinhos. Peixes pequenos se alimentam de barrigudinhos. Peixes grandes se alimentam de barrigudinhos. Caranguejos se alimentam de barrigudinhos. Ele é o prato preferido de todo mundo.

Como uma espécie tão ameaçada evita a extinção?

Em suma, os barrigudinhos começam a acasalar assim que nascem. Eles podem se reproduzir a partir da sétima semana de vida e gerar novos filhotes a cada trinta dias. Quando um barrigudinho de seis meses é comido por um pássaro, ele já pode ser tataravó. A família continua.

Mas esse truque evolutivo tem um lado negativo desagradável.

Cientes do risco que correm, desde que nascem, os barrigudinhos gastam quase toda a sua energia na reprodução. Eles crescem o mais rápido possível e, em seguida, dedicam uma grande parte de seus recursos para nutrir os filhotes. Isso deixa pouca energia para cuidarem de si mesmos. Seus corpos se desenvolvem de qualquer jeito, como um brinquedo de plástico barato, e há poucos recursos disponíveis para reparo e manutenção das células. Com 1 ou 2 anos de idade, o barrigudinho já é um idoso ranzinza, acometido por doenças e pelo declínio, e que logo vai bater as botas.

É assim que deve ser: não adianta investir no futuro quando é muito provável que você seja devorado. É a filosofia de vida "só se vive uma vez" levada ao extremo.

Agora, compare o barrigudinho com o tubarão-da-groenlândia, cuja expectativa de vida é quase o oposto.

O tubarão-da-groenlândia não tem um predador natural. Ele governa seu habitat como um autocrata.

Com poucas ameaças, leva um bom tempo para se tornar adulto. É uma das criaturas de crescimento mais lento já descobertas, atingindo a maturidade sexual — e isto não é um erro de digitação — aos 150 anos.[2]

Nesse meio-tempo, ele passa mais de um século dedicando sua energia ao desenvolvimento de um corpo perfeito. Lento e metódico, com todos os seus recursos destinados ao reparo e à manutenção das células, ele se torna praticamente imune ao câncer e a doenças infecciosas.

É o maior investidor de longo prazo, poupando para o futuro, dedicando os recursos de hoje para garantir uma boa vida daqui a séculos — literalmente. Pelo que sabemos, um tubarão-da-groenlândia pode viver quinhentos anos, talvez mais.

O que fica claro aqui é que a natureza avalia riscos futuros extremamente bem e aloca recursos de acordo com eles.

Para os barrigudinhos, a natureza observa de forma realista as ameaças futuras e diz: "Há riscos demais à espreita. Não se dê ao trabalho de tentar planejar o futuro". Para os tubarões-da-groenlândia, ela diz: "Seu futuro é claro e previsível — planeje com confiança".

A maioria dos animais é mestre nesse equilíbrio, alocando recursos entre "investir para o futuro" e "viver o presente" da forma mais eficiente possível.

Mas e os humanos tentando prever a própria trajetória?

Ou quanto devem gastar hoje e quanto devem economizar para o futuro?

Ou quanto tempo vão viver de fato?

Ou do que vão se arrepender?

Eles costumam ser péssimos nisso. Onde a biologia teve êxito, as emoções humanas fracassaram.

Parafraseando Nassim Taleb, o mundo se divide igualmente entre aqueles que não sabem como começar a gastar dinheiro e aqueles que não sabem quando parar.

Dá para ver isso nas filosofias financeiras populares.

Em uma ponta do espectro está o movimento FIRE (*financial independence, retire early*; independência financeira para se aposentar cedo), que defende poupanças extremas e uma devoção quase patológica à frugalidade. Parece prudente, mas pode ser perigosíssimo. Em *Morra sem nada*, Bill Perkins escreve:

> Imagine se, ao morrer, você tivesse feito tudo o que lhe foi dito para fazer: trabalhado arduamente, poupado seu dinheiro e esperado ter liberdade financeira quando se aposentasse. A única coisa que você desperdiçou ao longo do caminho foi... *sua vida.*[3]

Na outra ponta do espectro está o pessoal do só se vive uma vez, que faz *day trade* de ações baratas e de criptomoedas para enriquecer o mais rápido possível, desdenhando de quem investe pensando na valorização de longo prazo do mercado de ações. Um jovem de 22 anos que usou seus lucros de *day trade* para comprar uma Lamborghini amarela é o herói não oficial desse grupo. A gente sabe exatamente como essa história acaba.

As filosofias financeiras mais atraentes muitas vezes são as que provocam mais arrependimento no futuro. O autor Nick Maggiulli diz: "Correr pouco risco é como fumar, correr muito risco é como usar heroína. Ambos vão lhe causar danos, a única diferença é a velocidade".[4]

E quanto mais rica a sociedade se torna, mais difícil fica esse problema.

Durante grande parte da história, a maioria dos estadunidenses era o equivalente econômico aos barrigudinhos, vivendo em um estado financeiro tão precário que a simples ideia de economizar para a aposentadoria — ou literalmente *todo o conceito* de aposentadoria — estava fora de questão.

À medida que ficamos mais ricos, passamos a ter a sorte de precisar responder a perguntas sobre como economizar para o futuro e, ao mesmo tempo, aproveitar o presente, o que teria parecido absurdo para as gerações anteriores.

Há cem anos, um jovem de 22 anos podia esperar viver até os 62.[5] Hoje, pede-se a uma pessoa de 22 anos que comece a economizar para uma aposentadoria que talvez comece aos 62 anos e dure três décadas — um terço das mulheres jovens nos Estados Unidos atualmente tem uma expectativa de vida de 90 anos. Uma criança do jardim de infância pode viver além dos 100 anos, uma geração inteira depois do momento em que se espera ter parado de trabalhar.

Ao mesmo tempo, esse trabalhador de 22 anos provavelmente ganha muito mais do que seus avós ganhavam com a mesma idade e tem acesso a oportunidades de gastar dinheiro que não existiam há uma geração. Ele tem mais oportunidades de gastar em viagens, shows, jantares e produtos entregues no mesmo dia do que seus antepassados teriam sido capazes de imaginar. Temos muita sorte de viver em um mundo com tantas oportunidades de usar o dinheiro *hoje mesmo* para ter uma vida boa.

Essas duas coisas — economizar para o futuro e ao mesmo tempo viver o presente — deixam muita gente angustiada. A ironia é que, quanto mais rica a sociedade se torna e quanto mais tempo vivemos, mais oportunidades temos de estragar nosso planejamento financeiro de uma forma que talvez nos cause arrependimento.

Eu não estou imune a isso.

Por toda a minha vida adulta, tenho sido um grande poupador e investidor de longo prazo. Adoro os conceitos de juros compostos e adiamento de gratificação.

Mas não quero ter o mesmo destino de David Cassidy: olhar para trás no fim da vida e perceber que desperdicei meu curto tempo neste planeta, negando a mim mesmo uma vida agradável por causa da devoção servil ao acúmulo de riqueza.

Também notei uma mudança importante no meu pensamento, que talvez se aplique a muitos de vocês.

É desagradável pensar nisso, mas nenhuma informação no mundo seria mais preciosa do que saber exatamente quanto tempo de vida ainda temos. É tão poderosa que muitos dizem que não gostariam de saber, mesmo que fosse possível. Seria assustador demais e acabaria com o mistério da vida.

Mas quase nada em sua vida seria igual se você soubesse.

Conheci uma pessoa alguns anos atrás. Quando nos despedimos, ele disse: "A vida é longa. Tomara que a gente mantenha contato".

A vida é longa. Ninguém diz isso. Todo mundo sempre diz que "A vida é curta". Mas, obviamente, pode ser qualquer uma das duas coisas. Não temos a menor ideia.

A filosofia "a vida é curta" diz: não espere, vá lá se divertir, tenha uma vida incrível — coma, beba e seja feliz, pois todos vamos morrer amanhã. Se a vida fosse mais curta do que se espera, quase todo mundo seguiria esse conselho. Você também estaria mais propenso a perdoar, esquecer e não se incomodar com pequenos aborrecimentos, ciente de que, com tempo limitado para desfrutar de coisas boas, não vale a pena ser amargo. Você valorizaria cada pôr do sol, sentiria o cheiro das flores e ligaria para um velho amigo. Não perderia um único jogo do campeonato infantil dos seus filhos. Parte do motivo pelo qual o ex-presidente Lyndon Johnson tinha tanta energia e ambição era o fato de que sempre teve medo de morrer jovem.

E quanto a filosofia "a vida é longa"? Se você soubesse que viveria até os 102 anos, provavelmente não teria tanta pressa. Ficaria menos ansioso com sua carreira. Não se sentiria culpado por dormir até tarde, tirar um ano sabático ou usar todos os seus dias de férias. Plantaria árvores para vê-las crescer e tiraria mais fotos para recordar. Estaria mais disposto a aprender uma nova habilidade. Cuidaria melhor de suas articulações, e os investimentos de longo prazo seriam mais interessantes.

Mas a verdade é que ninguém tem ideia de quanto tempo vai estar por aqui. Acho útil, no entanto, pensar em como seria perceber que o fim está próximo em diferentes momentos da vida.

A ideia de estar em meu leito de morte olhando para trás, arrependido de uma vida de oportunidades desperdiçadas — as férias que eu poderia ter tirado, os carros que poderia ter comprado —, mudou assim que me tornei pai.

Tenho filhos pequenos. Quando faço o exercício mental sombrio de imaginar que estarei no fim da vida amanhã, acho que ficaria aliviado e orgulhoso ao perceber que os sacrifícios materiais que fiz para economizar mais proporcionarão à minha esposa e aos meus filhos um pé-de-meia significativo.

A alternativa — estar à beira da morte e perceber que minha jovem família está prestes a enfrentar um fardo financeiro porque gastei demais — me deixaria cheio de culpa. *Cheio de arrependimento.* Isso, no meu caso, faria com que eu olhasse para trás, para todas as viagens, jantares e gastos, e pensasse: "Quanto tempo perdido". Tempo que eu poderia ter usado para proporcionar um futuro melhor para minha família.

Mas será que ainda vou acreditar nisso daqui a trinta anos, quando, com sorte, meus filhos estiverem estabelecidos e independentes? É provável que não. Nesse momento, vou me arrepender principalmente das viagens que não fiz, das experiências que não vivi e das lembranças que não criei.

Não acho que esses sentimentos sejam contraditórios. E tudo bem se você discordar; todo comportamento faz sentido quando há informação suficiente. Mas acho que eles ressaltam uma verdade importante que se aplica a todo mundo:

Um bom conselho nunca é tão simples quanto "Viva o presente" ou "Economize para o futuro". O único bom conselho é **"Minimize o arrependimento futuro".**

E pronto. Acho que isso é o melhor que podemos fazer quando tentamos encontrar o equilíbrio entre viver o presente e economizar para o futuro. Tente minimizar seus arrependimentos estando ciente de que pessoas diferentes se arrependem de coisas diferentes e de que você mesmo se arrependerá de coisas diferentes à medida que envelhecer.

O fundador da Amazon, Jeff Bezos, descreveu certa vez sua decisão de abrir uma livraria on-line na década de 1990:

> A estrutura que encontrei e que tornou a decisão incrivelmente fácil foi o que chamei de estrutura de minimização do arrependimento.
>
> Eu queria me projetar com 80 anos e olhar para trás, para minha vida, e ter minimizado o número de arrependimentos que tive.
>
> E eu sabia que, aos 80 anos, não iria me arrepender de ter tentado. Não iria me arrepender de ter tentado participar dessa coisa chamada internet, que eu achava que seria um grande negócio.
>
> Mas eu sabia que a única coisa da qual eu poderia me arrepender era de não ter tentado.
>
> E sabia que isso me assombraria todos os dias. Portanto, quando pensei dessa forma, foi uma decisão incrivelmente fácil.[6]

Duas coisas me chamam a atenção aqui. Uma é quanto esse conselho é bom. A outra é que o exemplo específico não se aplicaria a mim e à minha personalidade (eu provavelmente me arrependeria de dedicar tanto tempo e energia a algo que não desse certo). Cada um é diferente, e é por isso que o conselho geral de "viva o presente" ou "invista para o futuro" pode carecer de muitas das nuances do mundo real. O único bom conselho é minimizar seus arrependimentos futuros.

E como cada um é diferente, não posso lhe dizer como fazer isso. Mas aqui estão duas ideias que levo em consideração nas minhas próprias decisões financeiras.

---

1. Boas lembranças são a coisa mais parecida com viver o presente enquanto se economiza para o futuro.

A conta anônima do Twitter FedSpeak uma vez escreveu: "O propósito da vida é experimentar coisas que lhe darão nostalgia mais tarde".

Não acredito que eu seja o único a perceber que, à medida que envelheço, as lembranças de coisas que aconteceram há dez, vinte, trinta anos são alguns dos meus bens mais preciosos. Não são ativos financeiros, mas, mesmo assim, são ativos muito reais.

O mais incrível das lembranças é como o valor delas pode se multiplicar com o tempo, assim como o de uma ação. Quando eu tinha 10 anos, as lembranças do que eu fazia aos 9 eram entediantes. Hoje, essas mesmas memórias são surpreendentes e hilárias, pois posso inseri-las no contexto mais amplo de minha vida. Daqui a cinquenta anos, serão meus bens mais preciosos.

Uma vez, ouvi uma senhora dizer que o lado bom de envelhecer era a capacidade de viajar no tempo mentalmente — lembrar de como era a vida, digamos, na década de 1950, e compará-la com a de hoje. Ou refletir com espanto sobre quanto a tecnologia avançou desde que você era criança. Crianças são ricas em saúde, mas pobres em memórias de vida; à medida que envelhecemos, isso se inverte.

O conselho típico, que é quase um clichê a essa altura, é gastar dinheiro com experiências, não com coisas. Não é um conselho ruim. Mas o modo como ele é formulado leva as pessoas a acharem que a única maneira de fazer isso é gastar com férias incríveis ou viajando para algum país distante. Nem sempre é o caso. Consigo pensar em muitas experiências caras que seriam totalmente esquecíveis, enquanto outras formadas com amigos durante o ensino médio podem ser algumas das mais queridas e provavelmente não custam nada.

Tento ter em mente que as coisas das quais provavelmente vou me arrepender no futuro serão o tempo que não passei com meus filhos, os relacionamentos com amigos nos quais não me esforcei o suficiente e certas coisas que me deixam estressado e ansioso hoje, mas que, no final, vou perceber que mereciam mais compaixão de minha parte.

Pode até não custar nada nutrir essas coisas. Mas há casos em que o dinheiro pode ajudar, só que não da forma como você pensa.

Gastar dinheiro em férias com meus filhos pode criar memórias valiosas. Ter uma carreira que pague menos, mas que me permita passar mais tempo de qualidade com meus filhos todos os dias pode gerar lembranças muito mais felizes.

Às vezes é difícil contextualizar, mas digamos que você possa escolher entre um emprego que pague 60 mil dólares por ano e exija 45 horas de trabalho por semana, e outro que pague 50 mil e exija 35 horas. O segundo "custa" 10 mil dólares por ano em rendimentos perdidos, o que, em trinta anos, investidos a 8% ao ano, equivale a algo em torno de 1 milhão de dólares. Mas ele lhe dá em troca quinhentas horas por ano, o que, ao longo de sua carreira, representa quinze mil horas de memórias em potencial fazendo algo de que você gosta. E essas lembranças crescem exponencialmente com o tempo, assim como os ativos.

As pessoas adoram se maravilhar com o poder dos juros compostos ao investir. É muito mais difícil pensar no valor das "memórias compostas" que se obtém ao trocar dinheiro por tempo, mas os resultados podem ser igualmente incríveis.

É bem possível que seja o melhor dinheiro que você já "gastou" e o antídoto definitivo contra o arrependimento.

2. Economizar para o futuro cria independência hoje.

Se eu economizar 100 dólares para o futuro, quanto isso me custará *hoje*?

Não acho que a resposta seja 100 dólares nem nada próximo a isso.

Claro, eu poderia ter usado esse dinheiro hoje para comprar uma camisa de 100 dólares ou pagar 100 dólares em um jantar com meus amigos.

Mas, ao economizar para o futuro, ganho algo hoje: *100 dólares em independência.*

Cem dólares em opções e liberdade para fazer qualquer coisa que eu queira no futuro que custe esse valor.

Cem dólares de tempo de que talvez eu precise em algum momento.

Cem dólares de menos estresse em relação à minha capacidade de cuidar da minha família ou de me aposentar quando for necessário.

Isso pode ser um benefício tão tangível para mim *hoje* quanto comprar a camisa de 100 dólares.

Enxergando a poupança como um benefício de independência, também deixamos de ver a poupança para o futuro como um sacrifício do presente.

Posso dizer pela minha experiência: o grau de independência financeira que tenho por ter poupado durante toda a minha vida está entre meus ativos mais valiosos, úteis e agradáveis *hoje*. Não sinto que estou apenas economizando para o futuro. A poupança me deu uma independência que me permite fazer o que quero, quando quero, com quem quero, o que torna o hoje — o agora — melhor do que seria se eu tivesse economizado menos no passado.

É claro que depende de um equilíbrio — assim como tudo o que vale a pena na vida. A independência é mais agradável quando também temos a capacidade, financeira e psicológica, de gastar o que é necessário hoje para criar memórias com as pessoas que desejamos. Mas é muito fácil e comum supor que economizar para o futuro impede que se aproveite o presente quando, na verdade, as duas coisas andam de mãos dadas, unindo forças de forma a evitar arrependimentos.

Agora, uma história sobre como a inveja pode ser desastrosa.

IMITADORES

Uma parábola. Uma professora vira-se para sua turma e diz: "Aqui vai um problema de matemática. Há dez ovelhas em uma fazenda. Uma ovelha foge. Quantas ovelhas sobraram?".

Um aluno levanta a mão e diz: "Zero. Não sobrou nenhuma ovelha".

"Pelo jeito, você não entende nada de matemática", aponta a professora.

"Não, pelo jeito, você é que não entende nada de ovelhas", responde o menino.

O desejo de observar outras pessoas e imitar o que elas estão fazendo sem questionamentos é muito poderoso, universal e explica grande parte da vida moderna.

Vamos nos aprofundar.

Olha só para eles

Ciúme, inveja e a inestimável arte de não se importar com o que os outros pensam.

BUZZ ALDRIN SE tornou um dos seres humanos mais famosos do planeta no dia 20 de julho de 1969, ao pisar na Lua.

Foi um feito impressionante, possivelmente a coisa mais incrível que a humanidade já fez.

Mas Buzz foi o segundo ser humano a pisar na Lua, tocando a superfície lunar minutos depois de Neil Armstrong. O também astronauta Michael Collins disse uma vez sobre Aldrin, conhecido por ser rabugento e não gostar da fama: "Acho que [Buzz] sente mais o ressentimento por não ter sido o primeiro a pisar na Lua do que a gratidão por ter sido o segundo".[1]

A inveja é muito poderosa. Ela torna difícil valorizar o que você tem e conquistou, porque, para além de um nível básico de necessidades, o que geralmente se deseja é se colocar em um nível mais alto da hierarquia social. Portanto, tudo o que conquistamos é relativo a outras pessoas e, muitas vezes, ansiamos por tudo o que os outros têm, mas nós não.

Isso é importante na hora de gastar dinheiro, porque, para muitas pessoas, a questão de saber se está comprando coisas boas é, na verdade, algo como "Essas coisas são mais legais do que as coisas dos outros?". Saber se sua casa é grande o suficiente é, na verdade, questionar: "Minha casa é maior do que a do meu vizinho?".

É compreensível e inevitável. Grande parte da vida é uma competição por recursos — dinheiro, tempo, parceiros, atenção, amigos, espaço — em que o que importa não é o quanto você é bom, mas quanto você é bom em relação aos outros. O biólogo russo Georgy Gause ficou famoso por um conceito de ecologia hoje conhecido como Lei de Gause, que diz que duas espécies que competem pelos mesmos recursos limitados não podem coexistir — uma sempre superará a outra até provocar sua extinção. Portanto, é claro que é natural olhar constantemente para os outros de uma forma ligeiramente paranoica, motivado pelo que eles têm e você não.

Mas deixe-me fazer uma observação fundamental que pode ser facilmente ignorada na arte de gastar dinheiro: existe uma linha tênue entre ser *motivado* pelo que os outros têm e você não (potencialmente bom) e sentir *inveja* do que eles têm e você quer (sempre perigoso).

Sentir-se motivado pelo que os outros têm pode ser divertido — o sucesso deles é uma forma eficaz de propaganda de coisas que você não sabia que existiam. Mas sentir inveja dos outros é uma tortura mental, como um contrato que você fez consigo mesmo para ser infeliz.

Poucos assuntos são tão importantes quanto este, porque todos nós olhamos para os outros, potencialmente invejosos do que eles têm, e definimos nossos desejos de gastos de acordo com isso.

Quando o empresário Josh Kushner estava na faculdade, um amigo rico o levou a um jogo de basquete do New York Knicks. Kushner lembra que os lugares eram incríveis — perto da quadra, quase como se desse para literalmente sentir o cheiro dos jogadores. Ele ficou maravilhado. Então, seu amigo olhou para um sujeito cinco lugares à frente e disse: "Meus lugares são bons, mas os daquele cara são melhores".[2]

O escritor C. S. Lewis definiu muito bem esse sentimento em um ensaio chamado "O círculo íntimo". Ele escreveu que a vida é muitas vezes vista como uma série de círculos sociais, e o desejo das pessoas é adentrar no próximo nível, o mais exclusivo. Se você está fora de um círculo, nada parece melhor do que a ideia de estar dentro dele. Mas, quando você está dentro, percebe que não ficou tão feliz quanto imaginava, e muda sua atenção para o círculo seguinte, onde parece estar o nirvana.

Grande parte da vida é assim: a luta constante de ver outras pessoas possuírem algo que queremos e, depois de termos essa coisa, vermos outra pessoa que tem algo novo que não temos, e assim por diante, sempre decepcionados.

Lewis escreveu: "A não ser que você tome medidas para evitá-lo, esse desejo será uma das principais motivações da sua vida, desde o primeiro dia em que você começar no seu ofício até o dia em que estiver velho demais para se importar".

E ele escreveu isso há mais de oitenta anos! A situação hoje é muito pior. A observação de J. P. Morgan, de que ver seu vizinho ficar rico prejudica seu julgamento financeiro, era verdadeira quando ele a fez há mais de um século — hoje, *todo mundo* é efetivamente seu vizinho, e as redes sociais transformam a inveja e a comparação em um esporte olímpico.

Em relação a inveja, ciúme e gastos financeiros, gostaria de compartilhar alguns dos pontos mais importantes para se ter em mente.

- **É quase impossível "vencer" o jogo do status. O que é único e invejável em um momento se torna banal e sem graça no seguinte.**

O editor-executivo e fundador da revista *Wired*, Kevin Kelly, me disse uma coisa que adorei: se você quiser saber no que os grupos de baixa renda vão desejar gastar o dinheiro deles no futuro, observe o que é exclusivo dos grupos de alta renda hoje.

As férias na Europa já foram o playground exclusivo dos ricos. Depois, se popularizaram.

O mesmo aconteceu com o ensino superior. Antes, era reservado aos grupos de renda mais alta. Depois se difundiu.

E isso também acontece com os investimentos. Em 1929 — o auge da bolha dos loucos anos 1920 —, 5% dos estadunidenses possuíam ações, praticamente todos eles eram muito ricos. Hoje, 58% das famílias possuem algum tipo de ação.

O mesmo vale para casas com dois carros na garagem, jardim, closets, bancadas de granito, fogões de seis bocas, viagens de avião e até mesmo todo o conceito de aposentadoria.

Parte da razão pela qual esses produtos se difundiram para as massas é que ficaram mais baratos. Mas o motivo pelo qual ficaram mais baratos é que havia tanta demanda da população em geral — faminta de suas aspirações — que isso levou as empresas a criarem novas formas de produção em massa. E isso mostra por que não é possível vencer de forma definitiva o jogo do status: o que faz determinada coisa ser sinal de status é o fato de que os outros não a têm. Quando eles enfim colocam as mãos nessa coisa, ela deixa de ser sinal de status.

O escritor Rob Henderson observou que, quando era estudante em Yale, seus colegas de turma adoravam a peça da Broadway *Hamilton*. Porém, quando a peça foi lançada na plataforma de streaming da Disney+ — disponível para as massas —, eles passaram a detestá-la, a achá-la chata, e pararam de falar dela. Os alunos de Yale não ligavam tanto para a peça quanto para o fato de poderem assistir a algo a que os outros não tinham acesso. *Hamilton* era legal quando era exclusivo do círculo social deles; ficou muito menos interessante quando o público geral podia assisti-la.

As pessoas gostam de imitar quem parece ter uma vida melhor, o que pode fazer com que aqueles em posições invejáveis se sintam sempre desconfortáveis e insatisfeitos, porque estão constantemente sendo perseguidos por outros que cobiçam seu estilo de vida e suas posses. É por isso que não dá para vencer de fato o jogo do status — ele é um alvo móvel.

Quando você percebe que o status é um jogo que nunca se ganha de forma definitiva, entende por que jogá-lo pode ser tão frustrante.

- **Sentir inveja do que os outros têm e presumir que sua vida seria melhor se você fosse como eles é enganoso, porque você não tem uma visão completa da vida alheia.**

Se eu quero o que você tem, imagino que você quer o que outra pessoa tem e, portanto, se sente exatamente como eu. E que essa outra pessoa quer algo que outra pessoa tem e assim por diante, como uma rede infinita de inveja social.

Quando você enxerga como o jogo do status e da inveja pode ser interminável, entende que a única maneira de vencer é parando de jogar.

- **Sentir inveja do que os outros têm é terceirizar seu pensamento crítico para desconhecidos.**

Por mais natural que seja a comparação social, é também deprimente quando paramos para pensar. Se ficasse sozinho com meus amigos e familiares — pessoas que amo e cuja atenção realmente quero —, eu desenvolveria determinado conjunto de desejos. Porém, quando sou exposto a um grupo de milhões de desconhecidos com os quais não me importo, tenho um conjunto de desejos inteiramente distinto e maior.

Um de meus autores preferidos, Lawrence Yeo, escreveu:

> A inveja está inversamente relacionada ao autoconhecimento. Quanto menos você se conhece, mais olha para os outros para ter uma ideia do seu valor. Porém, quanto mais você se aprofunda em quem é, menos busca dos outros, e a inveja começa a se dissolver.[3]

Essa é uma observação muito inteligente. Se você pensar que um dos principais objetivos do dinheiro é ser independente, começa a ver a comparação social como sua nêmesis.

Quero me encaixar no grupo social que eu escolher, e gastar dinheiro para ter uma determinada aparência ou ocupar meu tempo de uma determinada forma pode ser parte dessa escolha. No entanto, quando você ancora suas expectativas em um grupo infinito de desconhecidos, está garantindo que nunca será independente nem estará satisfeito.

Eis uma forma fácil de ilustrar isso: dizer a uma pessoa que ela está com inveja é sempre um insulto extremo, porque ninguém quer admitir que está correndo atrás do que os outros têm. Todo mundo quer acreditar que é independente, porque, lá no fundo, a independência é o objetivo. Sentir inveja é admitir uma inferioridade.

Quanto mais você se conhece e se aproxima do que deseja, menos inveja sente dos outros, mesmo quando eles têm o que você não tem.

- **FOMO — *fear of missing out*, o medo de ficar de fora — é uma das reações financeiras mais perigosas que existem.**

O FOMO é a interseção entre a comparação social e a imprudência. Você vê alguém com algo que deseja e perde qualquer inibição para conseguir aquilo.

Não ter FOMO talvez seja a habilidade financeira mais importante. Ser imune ao canto da sereia do sucesso alheio — principalmente quando esse sucesso é repentino, extremo e causado por fatores fora do controle da pessoa — é tão poderoso e importante que é praticamente impossível se dar bem ao longo do tempo sem essa habilidade. Ao traçar estratégias, Dwight Eisenhower costumava citar Napoleão, que disse que um gênio militar é "o homem que consegue fazer a coisa certa quando todos ao seu redor estão perdendo a cabeça". Isso vale também para o dinheiro.

FOMO é a imprudência disfarçada de ambição. Você vê alguém que ficou rico ou vivendo uma vida incrível e pensa: "Se essa pessoa consegue, eu também consigo". Parece um sentimento positivo — como se você estivesse aprendendo por meio da observação e seguindo para o sucesso baseado em evidências.

Mas, na verdade, o que está ocorrendo é que você está terceirizando suas emoções para pessoas cuja vida exuberante ou de ganhos rápidos provavelmente as deixou em um estado emocional frágil, para começo de conversa. Se tentar imitá-las, você poderá segui-las até o precipício. Um exemplo surpreendente disso em ação é um estudo realizado por três pesquisadores que mostrou que, se seu vizinho ganhar na loteria, é mais provável que você faça empréstimos e vá à falência no futuro.[4]

Charlie Munger disse: "Alguém sempre ficará mais rico mais rápido do que você. Isso não é uma tragédia. [...] A ideia de se preocupar com o fato de alguém estar ganhando dinheiro mais rápido do que você é um dos pecados capitais".[5]

Remova o FOMO da equação e o que resta?

Você se preocupa apenas com suas próprias metas financeiras.

Você dá ouvido apenas às opiniões de quem gosta.

Você pensa a longo prazo e evita ser sugado por modismos e bolhas.

E não precisa de muito mais que isso para se sair bem no longo prazo.

- **Sua propensão a sentir inveja do que os outros têm pode aumentar à medida que você enriquece.**

Se você não tem como pagar aluguel ou comprar comida, o desejo de ter mais dinheiro é existencial e tem um objetivo e uma meta muito claros. Mas, se você já está financeiramente confortável, o desejo por mais dinheiro é principalmente uma questão de status, que não tem limite e é insaciável.

A pesquisadora Suniya Luthar fez um estudo sobre problemas de saúde mental, drogas e comportamento com crianças pobres de centros urbanos. Como grupo de controle, ela as comparou com crianças ricas dos subúrbios — que, para choque de muitos, estavam comparativamente em situação muito pior, segundo vários indicadores.[6] Uma teoria é que, quando as crianças ricas estão cercadas por outras crianças ricas, o desejo insaciável de ascender na escala social explode. Livres do fardo de penar para pagar o aluguel e comprar mantimentos, toda a vida delas se torna uma busca para se tornar mais ricas e mais populares do que a pessoa ao lado.

Já vi isso muitas vezes. Quando você tem tudo de que precisa, imediatamente passa a se concentrar em tudo o que pode querer, e essa lista é infinita. Quando você é pobre, quer um salário estável e uma casa pequena. Quando é rico, quer estar na lista de bilionários da *Forbes* e ter um jatinho particular — a curva de comparação social cresce exponencialmente com a renda.

Parece loucura, mas, às vezes, acho que as pessoas mais famintas por status e dinheiro são as celebridades ricas, porque seu grupo de comparação social são as megacelebridades ultrarricas.

Perceber que suas aspirações — e, para algumas pessoas, todo o seu senso de autoestima — podem estar ancoradas no grupo social com o qual você mais se associa faz com que pense melhor sobre as pessoas com quem escolhe se associar. O que me leva ao ponto mais importante:

- **Tome cuidado com quem você convive.**

Um bom conselho para muitas coisas na vida é lembrar que você é um reflexo das três ou quatro pessoas com quem mais convive.

Se seus amigos têm gostos caros, suas expectativas convergem para esse estilo de vida. Se a ideia deles de uma noite de sexta-feira incrível é caminhar à beira de um lago enquanto conversam sobre a vida, suas expectativas materiais permanecem mais mundanas.

Tudo o que vale a pena na vida é apenas a lacuna entre expectativas e realidade, e, quando seu quadro de referência são pessoas ricas tentando impressionar umas às outras, essa lacuna pode se fechar rapidamente.

Eu morava em uma zona de mata no meio do nada, depois me mudei para a praia em Los Angeles. Foi impressionante a rapidez com que minhas definições de *sucesso*, *riqueza* e *luxo* explodiram quando passei a conviver com gente rica. A ambição pode ser uma coisa maravilhosa, mas não sei ao certo se é algo positivo em geral: um dentista ou um pequeno empresário podem achar que estão nadando em riqueza e sucesso em uma cidade, mas se sentirem um fracasso total em comparação com seus colegas em outra.

As pessoas com quem você convive podem ter um impacto tão grande em sua felicidade material quanto o dinheiro que ganha e quanto gasta. Ciente disso, escolha sabiamente com quem passa seu tempo.

C. S. Lewis concluiu seu ensaio observando: "A busca pelo círculo íntimo vai destruir sua alma, a menos que você o destrua primeiro".

O significado de destruí-lo era simples: quando você estiver satisfeito com o círculo em que se encontra atualmente — sem inveja de ninguém, sem inveja de nada, valorizando o que tem e no que é bom, grato pelos amigos e pela família —, estará de fato "confortável e seguro no centro de algo que, visto de fora, pareceria exatamente um círculo íntimo".

A falta de inveja traz outra dádiva: a liberdade. Falemos dela.

A FÓRMULA MAIS SIMPLES PARA UMA VIDA MUITO BOA

Ter uma vida boa é um tema infinitamente complexo, mas, às vezes, a melhor forma de entender um tema complexo é prestar muita atenção às poucas regras importantes que têm mais peso.

Vou propor uma delas: a fórmula mais simples para uma vida muito boa é independência mais propósito.

Independência mais propósito.

Independência mais propósito.

Independência mais propósito.

Independência para fazer o que você quiser e sabedoria para querer fazer coisas significativas.

Isso não é tudo, mas, caramba, é muito importante.

Há muitas formas de ser independente — estar livre de problemas de saúde, de influências culturais, de um chefe arrogante. Mas a independência financeira é obviamente uma das mais importantes.

Gastar com independência talvez seja a coisa mais maravilhosa que o dinheiro pode comprar. E isso está mais sob seu controle do que você imagina.

É disso que trata o próximo capítulo.

Riqueza sem independência é uma forma particular de pobreza

O dinheiro que você não gastou compra algo intangível, mas valioso: liberdade, independência e a possibilidade de usar o tempo do seu jeito.

As pessoas que mais admiro não são necessariamente as mais ricas ou bem-sucedidas. Quase sempre, são as mais livres. As que têm mais controle sobre a própria vida.

Levei um tempo para perceber isso. Para mim, ser "rico" costumava significar ter muitos bens sofisticados. Hoje, significa não ter pressa, passar tempo com minha família, ter controle da minha agenda e independência intelectual. Viver do meu jeito.

Independência. Essa é a verdadeira riqueza.

Uma perspectiva relacionada — e que muitos consideram contraintuitiva ou da qual discordam — é que não existe dinheiro não gasto. Você gasta cada centavo que ganha. Gasta cada centavo de sua conta bancária, quer esteja ciente disso ou não.

O dinheiro que você não gastou compra algo intangível, mas valioso: liberdade, independência e a possibilidade de aproveitar o tempo do seu jeito. Todo dinheiro poupado é um crédito para o futuro. (E toda dívida que você tem é uma parte do seu futuro que outra pessoa controla.)

Sempre fui um grande poupador. Mas nunca vi minhas economias como dinheiro ocioso. Nunca as vi nem mesmo como se fossem uma poupança para uma compra no futuro.

Vejo cada centavo economizado como uma passagem para um grau maior de independência financeira, que é meu verdadeiro objetivo.

Se eu deposito 500 dólares na minha poupança, sinto que adquiri 500 dólares de independência. Para mim, o significado é quase o mesmo de se eu tivesse comprado uma televisão de 500 dólares — o dinheiro é "gasto" em qualquer dos cenários, mas em coisas diferentes, que oferecem valores diferentes.

E eu gasto *frivolamente* com independência.

Gasto rios de dinheiro para ter controle da minha agenda.

Não tenho um orçamento para quanto estou disposto a gastar em autonomia e em passar tempo com as pessoas que quero, quando quero, pelo tempo que quero.

Para mim, a independência tem a maior taxa de retorno, maior do que qualquer outra coisa em que já gastei dinheiro.

Todo esse conceito — trocar dinheiro por tempo, em vez de trocá-lo por coisas, porque ter mais tempo trará mais alegria à sua vida — é provavelmente o aspecto mais negligenciado na hora de gastar dinheiro, já que, para a maioria das pessoas, o tempo extra e a clareza mental que se obtém com a independência e a economia não parecem dinheiro "gasto".

Deixe-me contar uma história rápida sobre dois atletas que ganharam muito dinheiro, mas o utilizaram de formas diferentes.

Antoine Walker ganhou 108 milhões de dólares jogando doze temporadas na NBA.[1] Isso dá aproximadamente 25 mil por dia.

Depois que Walker assinou um contrato de seis anos, em 1999, o presidente e técnico do Boston Celtics, Rick Pitino, disse que o atleta "nunca mais teria que se preocupar com dinheiro".[2]

Walker concordou. "Achei que o resto da minha vida estava resolvido", disse ele em 2015, cinco anos depois de ter declarado falência.

Durante os anos que passou ativo, Walker tinha, segundo suas próprias contas, "seis ou sete carros" que eram substituídos quando ele via alguém dirigindo um mais bonito, uma folha de pagamento que incluía o sustento de trinta amigos e familiares e uma casa com dez banheiros e uma quadra de basquete em dimensões oficiais que havia dado para a mãe.[3] Dizia-se que nunca usava o mesmo terno duas vezes. Apostava milhões em cassinos.

O resultado final perante o juiz de falências foi de 12,7 milhões de dólares em passivos contra 4,3 milhões em ativos. Hoje ele é consultor financeiro de atletas e implora humildemente aos jogadores que aprendam com os erros dele.

John Urschel não tinha nem de longe o mesmo nível de talento nem de fama.

Escolhido na quinta rodada pelo Baltimore Ravens em 2014, Urschel jogou três temporadas e não recebeu nenhum destaque na imprensa. Ele ganhou menos em toda a sua carreira no futebol americano do que Walker ganhava a cada onze semanas jogando basquete. Seu salário — cerca de 600 mil dólares por ano — era próximo ao salário mínimo da liga.

A forma como Urschel escolheu gastar seus rendimentos, porém, foi surpreendente.

Ele tinha uma vida boa, luxuosa para qualquer padrão. Mas economizava a maior parte de seu salário.

Por quê?

"Sou grato pelo dinheiro que consegui ganhar", disse ele. "Não sou bilionário, mas estou em um ponto em que sou financeiramente estável. Nunca mais vou precisar me preocupar com dinheiro."[4]

E, ao que tudo indica, ele não se preocupou mesmo.

Urschel se aposentou do futebol americano em 2017 e voltou a estudar para obter seu doutorado. Hoje ele é professor do MIT.

A questão é: ele poderia ter feito o que quisesse.

A conclusão não é "Viva menos como Walker e mais como Urschel". Eles são os extremos do espectro.

Mas deixe-me perguntar: você admira mais a vida — não o talento esportivo, e sim a vida que eles tiveram — de qual dos dois?

Não é uma pergunta capciosa.

Aposto que você admira Urschel mais do que Walker. Mesmo que Walker não tivesse ido à falência, apenas houvesse passado por dificuldades e precisado abrir mão de alguns de seus luxos, você provavelmente ainda admiraria mais o resultado de Urschel. A maioria das pessoas também.

Isso porque Walker perdeu o controle de sua vida. Chegou a um ponto em que decisões sobre onde morar, que carro dirigir e até mesmo quais roupas usar eram ditadas por um juiz de falências.

Já Urschel manteve o controle. Ele podia fazer o que quisesse, quando quisesse. Sua vida era como uma tela em branco para ele pintar.

E é isso que as pessoas admiram: controle sobre o que se faz. Elas admiram isso porque é o que de fato desejam. E desejam isso porque é o que nos faz felizes.

Nassim Taleb diz: "O que importa não é o que uma pessoa tem ou não; é o que ela tem medo de perder. Quanto mais você tem a perder, mais frágil você é".[5]

Várias pessoas — independentemente da renda — têm muito a perder porque sua segurança e satisfação dependem demais de outros.

Na manhã em que escrevo isto, li no jornal a história de um CEO que já teve um patrimônio de centenas de milhões de dólares e está tendo seus bens liquidados pelos bancos porque pegou muito dinheiro emprestado e agora não consegue pagar.

Os banqueiros venderam seu iate e sua casa. O escândalo fez com que ele fosse demitido.[6]

Fiquei impressionado: ali estava alguém entre os 0,001% mais ricos em termos de renda e riqueza, com menos independência financeira do que alguém que consideraríamos pobre.

Riqueza sem independência é uma forma particular de pobreza.

É fácil debochar da mera menção à independência financeira, porque parece algo reservado a bilionários e a mimados beneficiários de fundos. Certa vez, tive um amigo que se recusava a economizar porque parecia trivial demais para ele. Sua opinião era a seguinte: por que economizar 50 dólares se isso não muda em nada a situação?

Eu gostaria de quebrar essa mentalidade.

A independência financeira não é preto ou branco. Ela existe em um espectro. Em cada ponto do espectro — a cada dólar adicional de economia —, você sobe um pouco mais e sua vida pode melhorar um pouco mais.

Veja como eu enxergo o espectro da dependência e da independência financeira. Faça um favor a si mesmo e defina onde você está nesta lista:

Nível 0: Dependência total da caridade de desconhecidos que não têm nenhum interesse no seu sucesso. Pense em pessoas em situação de mendicância ou em CEOs pedindo socorro ao governo. Você não tem nenhum controle sobre os rumos de sua vida financeira, de uma forma que o deixa vulnerável a um mundo frágil e, muitas vezes, cruel.

Nível 1: Dependência total de pessoas que querem que você tenha sucesso porque gostam de você e porque a reputação delas está ligada a isso. Pense em crianças e adolescentes com menos de 15 anos que são sustentados pelos pais e são jovens demais para trabalhar. Pegar dinheiro emprestado com amigos e parentes que, no fundo, sabem que você não poderá pagar também se enquadra nessa categoria.

Nível 2: Capacidade de se sustentar parcialmente agregando valor para os outros, embora ainda um pouco dependente de apoio externo. Jovens que trabalham, mas ainda dependem dos pais para sustentar o que consideram necessidades básicas de estilo de vida, se enquadram nessa categoria. Também inclui trabalhadores que dependem de assistência governamental e aposentados que dependem da previdência. Uma parte importante do seu bem-estar financeiro depende das decisões de pessoas que podem mudar de postura no futuro.

Nível 3: Capacidade de se sustentar totalmente agregando valor para os outros, mas com um valor marginal e fácil de ser substituído. Essa é uma categoria comum tanto para pessoas quanto para empresas. Ela é tênue e complicada. Parece independência, no sentido de que você é capaz de pagar todas as suas contas, mas um chefe ou cliente ainda é o dono do seu dia e pode ditar seu futuro, que depende das decisões deles. Se você perder o emprego, poderá ter dificuldades de encontrar um novo e terá poucas economias com as quais contar.

Nível 4: Poupança suficiente para cobrir problemas corriqueiros. Você consegue enfrentar os problemas que todo mundo espera ter regularmente e não ficar sem dinheiro. Uma pequena despesa médica, tudo bem. Está frio e você precisa gastar mais com aquecimento este mês, tudo bem. Seu filho precisa de calças novas, tudo bem. Esse é o nível em que você percebe que ter, ainda que literalmente, apenas alguns poucos dólares guardados proporciona um pequeno grau de independência em relação aos contratempos da vida.

Nível 5: Poupança suficiente para cobrir problemas maiores e imprevistos. Você ainda depende dos caprichos de seu chefe para pagar as contas a cada mês, mas, se houver uma crise, provavelmente ficará bem por um período razoável. Seu carro quebra, tudo bem. O aquecedor dá defeito, tudo bem. Agora você tem algum grau de independência e proteção contra o que pode ser considerado "azar" nos riscos do dia a dia.

Nível 6: Alguma poupança para aposentadoria, para a educação dos filhos e para evitar dívidas de cartão de crédito. Você sente que está com um pezinho no trem da independência financeira. Ainda depende de um chefe, mas consegue prever um momento no futuro em que suas economias atuais se transformarão em um novo nível de independência para você e sua família. Talvez você não seja totalmente independente, mas tem esperança o suficiente para alimentar seu otimismo e ajudá-lo a dormir à noite.

Nível 7: Capacidade de escolher um emprego que evite aborrecimentos desnecessários. Você ainda depende de um chefe para receber salário, mas tem liberdade e habilidades profissionais comercializáveis para dizer: "Não, você não. Você é um péssimo chefe. E este é um péssimo emprego. Vou procurar outro lugar para trabalhar". Grande parte disso tem a ver com possuir economias suficientes que permitam que você se demita quando quiser e tenha o tempo necessário para encontrar um emprego novo e melhor. (Essa é uma meta maravilhosa e realista para a maioria das pessoas. Se conseguir chegar ao nível 7, você está arrasando.)

Nível 8: Ficar confortável o suficiente com seu status socioeconômico para não sentir necessidade de ostentar para desconhecidos. Esse é o primeiro vislumbre da independência não apenas financeira, mas também intelectual e de identidade. A incapacidade de fazer isso é uma forma oculta de dívida e dependência.

Nível 9: Capacidade de evitar a maioria das dívidas, incluindo financiamento para compra de automóveis, empréstimos estudantis e até mesmo financiamentos imobiliários. A dívida pode ser um capital barato, mas mantém você preso a desconhecidos que detêm uma parte de suas decisões futuras. Uma vez, conheci um rapaz que detestava seu emprego e tinha uma visão clara do que preferia fazer, mas se sentia obrigado a permanecer nele para poder quitar seu empréstimo estudantil. A dívida, portanto, custava muito mais do que a taxa de juros: ela lhe custou a independência de sua carreira. Um destino semelhante atinge as pessoas que pegam um empréstimo tão alto para comprar uma casa que ficam presas a uma cidade na qual não querem mais morar por não conseguirem vender a casa por um valor maior do que o financiado. Quando você enxerga a dívida como um controle sobre suas opções futuras, deixa de perguntar "Qual é a taxa de juros?", e em vez disso, se pergunta "Quanto isso vai me custar em termos de dependência?".

Nível 10: Poucas situações econômicas realistas fariam com que você ou sua família fossem empurrados para abaixo do Nível 5. Caso passasse por uma emergência médica ou uma grande recessão, você poderia se sustentar por um ano ou mais com suas economias líquidas. Esse é o primeiro estágio real da independência financeira. Agora você pode dizer: "Não, sai daqui" para quase qualquer pessoa, qualquer empregador — ou qualquer evento econômico —, com grandes chances de se recuperar das repercussões disso.

Nível 11: Uma renda passiva, como juros e dividendos, cobre uma parte significativa das suas despesas do dia a dia. Você ainda trabalha para receber um salário, mas seu portfólio agora está fornecendo renda suficiente para reduzir as tensões comuns e os compromissos que restringem a independência da maioria das pessoas. É comum que esse nível de independência se deva tanto a um estilo de vida simples quanto a uma grande carteira de investimentos. Quando você experimenta essa independência, percebe que os desejos de estilo de vida se multiplicam mais rápido do que praticamente qualquer ativo.

Nível 12: Seus investimentos e suas expectativas razoáveis de retorno cobrirão as despesas básicas por mais tempo do que sua expectativa de vida. Parabéns! Você não depende mais de outras pessoas para trabalhar. Pode lidar com elas se quiser, e provavelmente o fará. Mas só se quiser, quando quiser e com quem quiser, o que é uma sensação incrível. Muita gente atinge esse nível poupando para a própria aposentadoria.

Nível 13: Seus ativos e suas expectativas razoáveis de retorno cobrem as despesas de vida acima do básico. Você pode viver o estilo de vida que preferir e ainda sobra alguma coisa para a família ou para caridade. Despesas "acima do básico" podem ser definidas como você quiser. Isso varia de pessoa para pessoa. Apenas tome cuidado com o estilo de vida desnecessário que pode puxar essa independência para baixo como a gravidade e lembre-se do que o comediante Chris Rock diz: "Se o Bill Gates acordasse com a fortuna da Oprah, ele se jogaria da janela".

Nível 14: Sua independência permite que você faça e diga o que quiser, sem se preocupar com o fato de outras pessoas discordarem de você, já que não depende do apoio financeiro ou das oportunidades que elas poderiam lhe oferecer. Uma observação aqui: o conceito de *f***-se o dinheiro* — ter tanto dinheiro que você pode mandar as pessoas se f*derem sem medo da repercussão — é ótimo. Mas gentileza e civilidade também são.

Portanto, eu aspiro ao dinheiro do "não, obrigado, não me interessa, discordo respeitosamente e estou livre para ignorá-lo". Um é racionalizar a babaquice, o outro é a independência intelectual.

Nível 15: Você acorda todo dia sabendo que pode gastar seu tempo fazendo o que quiser, com quem quiser, pelo período que quiser. Chefes não controlam seu dia. A dívida social não influencia suas decisões. Dívidas monetárias não controlam suas opções. Você venceu. E percebe que, embora isso não garanta a felicidade e ainda existam muitas possibilidades de você estragar sua vida, deu um salto de estilo de vida que 99,99% dos seres humanos que já viveram não experimentaram. O único risco é você se esquecer do quanto deveria ser grato por estar nessa situação.

Independentemente de onde você se encontra nesse espectro e de aonde almeja chegar, o segredo é perceber que a independência é um espectro.

Não é algo que você tem ou não — não é binária.

Cada pequena economia e cada pequena despesa reduzida o faz avançar no espectro da independência.

Agora, alguns valorizam mais a independência do que outros. Alguns querem estar mais acima no espectro do que outros. Não existe uma resposta certa sobre quanto você deve querer.

Mas muitas pessoas não se preocupam em buscar a independência, porque ela parece fora de alcance, quando, na verdade, elas poderiam facilmente — em qualquer nível de renda — melhorar seu espectro de independência e, por sua vez, melhorar sua vida.

O truque é ver cada poupança como uma compra efetiva de algo, mesmo que não venha com uma nota fiscal: você adquiriu a capacidade de fazer o que quiser, quando quiser, com quem quiser, pelo tempo que quiser. E isso não tem preço.

DINHEIRO DISCRETO

Acredito que se gabar seja inversamente proporcional ao grau de satisfação da pessoa com a vida. Essa é uma das fórmulas psicológicas mais confiáveis que existem.

No filme *Nos bastidores da notícia*, Tom Grunick pergunta: "O que você faz quando a vida real supera seus sonhos?".

Aaron Altman responde: "Guarda para você".

Quanto mais ansiar pela atenção das pessoas e quanto mais tentar direcionar essa atenção para quão inteligente, rico e bem-sucedido você é, maiores serão as chances de estar tentando preencher algum tipo de lacuna emocional.

Quando vejo alguém se gabando abertamente de quanto dinheiro ganha ou gasta, tento não julgar. Prefiro perguntar: quem você está tentando impressionar, o que as pessoas realmente pensam da sua ostentação e será que seu exibicionismo não está, sem querer, fazendo mais mal do que bem?

Dívida social

Quando o modo como você gasta seu dinheiro influencia o que as pessoas pensam de você de uma maneira indesejada.

FRANK LUCAS ERA traficante de drogas, e muito bom nisso. Na década de 1970, seu império de heroína em Nova York estava rendendo 1 milhão de dólares por dia. Dia após dia, ano após ano.

Parte da razão pela qual ele não respondeu por seus crimes por tanto tempo foi sua discrição e o fato de levar uma vida pouco notável, o que o ajudou a evitar atenção indesejada. Ele não estava no radar da polícia.

Mas, como sempre acontece, foi vítima da soberba.

Outros traficantes de nível mais baixo tinham vidas chamativas e, por fim, Lucas se cansou. Ele escreveu em seu livro de memórias: "Eu não podia deixar que gente que ganhava menos do que eu andasse por aí achando que era dona do mundo. Gritei para quem quisesse ouvir: 'Vocês acham que vão me ofuscar?'".[1]

Em 8 de março de 1971, na "luta do século" entre Muhammad Ali e Joe Frazier, no Madison Square Garden, Lucas apareceu vestindo um casaco de pele de chinchila de 100 mil dólares que ia até o chão, com um chapéu combinando — roupas que valem cerca de 1 milhão de dólares em valores atualizados. Ele se sentou no melhor lugar, em frente a Frank Sinatra e ao vice-presidente dos Estados Unidos, Spiro Agnew.

"Pela primeira vez, senti vontade de ostentar de verdade", escreveu ele.

Deu certo. Desconhecidos fizeram fila para tirar fotos com ele e seu casaco extravagante. A imprensa foi ao delírio. Todo mundo naquela noite prestou atenção em Frank Lucas.

Inclusive o Departamento de Polícia de Nova York.

"Eu fui para a luta como um desconhecido", escreveu Lucas. "Saí de lá como um homem marcado."

Atônitas com o fato de um desconhecido estar vivendo como um rei, as autoridades policiais começaram a investigar Lucas, e aí já era. Ele foi pego, preso e condenado a setenta anos de prisão.

Lucas era um criminoso. Mas deixe-me apresentar você a um conceito que se aplica a todos nós, pessoas comuns. Eu o chamo de dívida social.

Dívida social é o que surge quando o modo como você gasta seu dinheiro influencia o que as pessoas pensam de você de uma maneira indesejada. Geralmente é uma forma oculta de dívida, o que a torna especialmente perigosa.

Às vezes, é a inveja que as pessoas sentem de você.

Às vezes, é o fato de você se sentir subitamente superior às pessoas de cuja companhia costumava gostar.

Pode ser até mesmo um crescimento nas próprias expectativas, resultante da melhora de seu estilo de vida.

Existem compras em que cada dólar gasto muda a forma como o resto do mundo pensa sobre você e como você pensa sobre si mesmo, de maneiras que podem fazer você se arrepender mais tarde.

Um assunto importante em farmacologia é a Lei de Arndt-Schultz, que afirma que "para toda substância, pequenas doses estimulam, doses moderadas inibem e grandes doses matam". Um pouco de exposição ao sol é saudável e até mesmo necessária. Uma quantidade moderada pode provocar queimaduras. Em excesso, pode causar câncer e ser fatal. O mesmo vale para o álcool, o tabaco, a cafeína e até mesmo a ansiedade. Há um ponto de inflexão quando o estímulo útil se transforma em risco e, depois, em tragédia. E, geralmente, é muito difícil saber qual é esse ponto de inflexão até que seja tarde demais.

Com dinheiro funciona da mesma forma.

Parece loucura, mas acho que existe um patrimônio líquido "ideal" para todo mundo, quando o dinheiro não apenas deixa de trazer prazer como se torna um passivo social.

Seu limite ideal de patrimônio líquido pode ser diferente do de outras pessoas. Mas, para a maioria de nós, o nível é mais baixo do que provavelmente se imagina, porque, quanto mais dinheiro você ganha e gasta, mais a dívida social se infiltra na sua vida.

Há alguns anos, li uma reportagem sobre pessoas que ganharam na loteria e perderam tudo. Um denominador comum dessas histórias é que os ganhadores geralmente ficam rapidamente sobrecarregados — até mesmo falidos — pela dívida social. No momento em que ficam sabendo quanto dinheiro eles têm, amigos, parentes e desconhecidos se sentem no direito de pedir, implorar e roubar de uma forma que deixa os ganhadores não apenas sem nada, mas também socialmente explorados.

Veja a história de uma das ganhadoras:

> Depois de ganhar 3,9 milhões de dólares em outubro de 1985 e 1,4 milhão quatro meses depois, a sra. Adams descobriu que não tinha mais o privilégio da privacidade. "Eu fiquei famosa", disse ela, "e não podia ir a lugar nenhum sem ser reconhecida."[2]

Um problema que é fácil de ignorar com relação ao dinheiro é que os ativos são simples de medir, mas os passivos podem ser ocultados. Medir quanto você ganhou na loteria é simples: 3,9 milhões de dólares, com precisão de centavos. Mas como medir a perda da sua privacidade? Ou a dúvida incômoda de que alguns amigos só gostam de você por causa do seu dinheiro? Isso é bem mais difícil. Tiger Woods é bilionário. Esse patrimônio é fácil de medir. Mas, uma vez, ele disse que adorava mergulhar porque era o único lugar no mundo em que ninguém o reconhecia e ninguém lhe pedia nada. Como se mede essa deprimente responsabilidade social? Não está em nenhuma planilha, mas é uma dívida muito real na vida dele.

Henry David Thoreau explicou bem esse conceito. O custo de um item é muito maior do que o que se vê na etiqueta de preço. "O custo de uma coisa é a quantidade do que chamo de vida que precisa ser trocada por ela, imediatamente ou a longo prazo", escreveu ele.

Uma vez, falei com um grupo de novatos da NBA. Discutimos como evitar a tragédia comum dos atletas que fazem fortuna aos 20 anos e vão à falência aos 30.

Um jogador mencionou algo que achei muito perspicaz. Ele disse que a maioria das pessoas acha que os atletas vão à falência porque gastam de maneira frívola com joias e carros. Às vezes isso é verdade, mas a causa mais comum da falência de atletas é a dívida social.

"Quando você cresce na pobreza e, aos 22 anos, está ganhando 10 milhões de dólares, esse dinheiro não é seu", explicou ele. "É o dinheiro da sua mãe, do seu pai, da sua vó, dos primos, dos amigos. Não dá para simplesmente falar: 'Eu já ganhei o meu, boa sorte para vocês'."

Comprar uma mansão para si não era o problema dos atletas; o que os levava à falência era comprar uma casa modesta para um primo de quinto grau que eles nem conheciam, mas se sentiam obrigados a ajudar.

Podem até parecer problemas de gente rica. Mas a dívida social surge em todos os lugares, à sua maneira, mesmo para as pessoas normais.

Quanto mais sua identidade se conecta aos seus bens físicos, mais os pensamentos das outras pessoas sobre você influenciam suas decisões de gastos e mais ansioso você fica para impressioná-las constantemente com algo mais novo, maior, melhor e mais caro. Portanto, o custo do carro novo que você acha que vai impressionar não é, digamos, 50 mil dólares — é 50 mil *mais* o carro de 60 mil que você vai se sentir pressionado a comprar dali a dois anos apenas para se manter sob os holofotes. Há um ditado irônico que diz: "É muito caro ser rico". Isso é tão verdadeiro quanto absurdo. Torna-se caro para quem tenta desesperadamente acompanhar a crescente dívida social que está atrelada a um estilo de vida rico.

Outra forma de a dívida social se infiltrar em sua vida são suas próprias expectativas. Eu costumava pegar o trem de Washington, D.C. para Nova York com regularidade. O trem tem um "vagão silencioso" — uma seção onde todos têm que ficar em silêncio, para que os passageiros possam dormir ou trabalhar. As pessoas usam o vagão silencioso porque querem serenidade, mas é impressionante a frequência com que o tiro sai pela culatra. Quando esperamos silêncio, nos tornamos ultrassensíveis ao menor ruído. Se alguém no vagão silencioso fala mais alto do que um sussurro, todo mundo entra em um estado de profunda irritação. Aposto que sentar no "pacífico" vagão silencioso no fim das contas faz a pressão arterial dos passageiros subir.

A mesma coisa acontece quando você compra coisas de boa qualidade.

Talvez você não ligasse quando seu carro antigo estava sujo ou amassado, mas, agora que comprou um carro mais bonito, não suporta quando ele fica sujo de lama e perde a cabeça quando alguém o arranha no estacionamento. Essa angústia é uma dívida social, e algumas pessoas que possuem coisas de boa qualidade vão quase à falência por causa dessa dívida.

Talvez você tenha achado, ao comprar uma casa nova e maior, que seria mais feliz. Mas depois percebeu que o motivo pelo qual queria uma casa mais bonita era competir socialmente com outras pessoas que tinham casas bonitas. Assim, depois de ter uma casa boa, você começou a sonhar com casas ainda melhores. Quando você permite que ter a casa mais bonita do seu grupo social se torne sua meta, isso vira não apenas uma obsessão, mas um jogo que não tem como vencer, pois o grupo com o qual você se compara muda a cada nova casa mais bonita que você compra.

Quanto mais dinheiro as pessoas têm e quanto mais gastam, mais dívidas sociais elas tendem a acumular. Depois de determinado nível de gastos básicos, cada degrau de estilo de vida mais elevado vem acompanhado de obrigações sociais, julgamentos por parte dos outros e mudanças em suas próprias expectativas, que são responsabilidades muito concretas, mas fáceis de ignorar.

Não estou dizendo que você deve evitar carros confortáveis e casas bonitas — eu gosto dos dois. Estou constatando que, quando o dinheiro deixa de ser uma ferramenta que usa para se sentir feliz e passa a ser um símbolo do que os outros pensam, você perdeu o jogo. O autor Kent Nerburn escreveu para seus filhos:

> Quero que vocês saibam que os bens são camaleões que se transformam de fantasias em responsabilidades quando vocês os têm nas mãos, e que eles tiram seus olhos do céu e os fixam diretamente na terra.[3]

Uma vez, prestei consultoria para uma família que tinha um patrimônio avaliado em 8 bilhões de dólares. Se você pesquisasse o nome deles no Google, não aparecia nada. Nada de lista da *Forbes*, nenhuma foto de baile de gala, nenhum perfil, nenhuma página da Wikipédia... nada.

Era intencional.

Eles haviam dominado o que tantos outros — os ricos, a classe média, os aspirantes a ricos e todos os demais — não conseguem perceber. Tinham a vida mais incrível que se poderia imaginar *e* não tinham praticamente nenhuma dívida social.

Desfrutavam de total liberdade, privacidade e independência. Escolhiam seus amigos com cuidado e faziam doações anônimas. A ausência de dívidas sociais talvez fosse o bem mais valioso deles.

Isso me fez lembrar do que Naval Ravikant disse: a melhor posição para se estar é a de rico *e anônimo.*

É uma opinião maravilhosa, mas ainda nos deixa com uma questão: como as pessoas comuns, como você e eu, podem evitar a dívida social? Como de fato nos tornamos ricos e anônimos de modo que nossas decisões de gastos não influenciem nossa vida social de forma desastrosa?

Minha estratégia se chama multiplicação silenciosa. É disso de que trata o próximo capítulo.

A multiplicação silenciosa

A maneira mais rápida de
ficar rico é ir devagar.

"A natureza não tem pressa, mas tudo acontece", disse o filósofo chinês Lao-Tsé.

Sequoias gigantes, organismos complexos, montanhas imponentes — a natureza cria as coisas mais impressionantes do universo. E faz isso de maneira silenciosa, de modo que o crescimento quase nunca é visível no momento, mas é impressionante em longos períodos de tempo.

É uma multiplicação silenciosa, e uma maravilha de se observar.

Adoro a ideia de multiplicação silenciosa do dinheiro. Talvez seja a crença financeira que eu mais prezo e considero mais importante, porque é muito simples, mas engloba diversas questões financeiras poderosas que já discutimos neste livro. E, assim como na natureza, é nela que você vai encontrar os resultados mais impressionantes.

A cada poucos anos, aparece uma história sobre um sujeito simplório sem instrução que tinha um emprego que pagava mal, mas que conseguiu economizar e multiplicar dezenas de milhões de dólares.

É sempre a mesma narrativa: eles simplesmente economizaram e investiram em silêncio por décadas. Nunca se gabaram, nunca ostentaram, nunca se compararam com os outros nem se preocuparam se seus investimentos tinham ficado abaixo do benchmark do ano anterior. Todo o universo financeiro deles — seus pensamentos, suas metas, suas crenças — estava dentro das paredes de sua casa, o que lhes permitia jogar seu próprio jogo e ser guiados apenas por seus desejos. Esse era o superpoder deles. Na verdade, era sua única habilidade financeira, mas é a mais poderosa de todas.

Eles eram mestres na multiplicação silenciosa.

Independentemente do estilo de vida que você leva ou de quanto gasta, esse é um conceito muito poderoso de se aprender.

Imagine se, depois de um primeiro encontro, você tivesse que publicar cada telefonema, cada mensagem, cada conversa com essa pessoa nas redes sociais. Ou mesmo apenas para um pequeno grupo de amigos e parentes. Você sabe o que aconteceria: eles iam dizer que você está fazendo tal coisa errada, tal coisa em excesso, que deveria dizer mais isso e menos aquilo, e assim por diante. Você ficaria tão constrangido, nervoso e influenciado pelas diferentes metas e personalidades dos outros que *não seria você mesmo*. Nenhum relacionamento daria certo.

Com dinheiro, é parecido. As pessoas ficam tão nervosas com o que os outros pensam de seu estilo de vida e de suas decisões de investimento que acabam optando por duas coisas: fazer um showzinho para os outros e copiar uma estratégia que pode até funcionar para alguém, mas que não é adequada para elas.

Permita-me relembrar as duas formas de se usar o dinheiro: uma é como ferramenta para uma vida melhor. A outra é como parâmetro de sucesso para se comparar com outras pessoas. A primeira é silenciosa e pessoal, a segunda é barulhenta e performática. É bastante óbvio qual das duas proporciona uma vida mais feliz.

Multiplicação silenciosa significa algumas coisas para mim:

1. Ênfase em referências internas, em vez de externas.
Descobri que é sempre útil perguntar: "Eu ficaria feliz com esse desfecho se ninguém além de mim e da minha família pudesse vê-lo e eu não comparasse o resultado com a aparência do sucesso de outras pessoas?".

Lembre-se de que é impossível vencer o jogo da comparação social, porque sempre há alguém enriquecendo mais rápido do que você. Ao sair desse jogo, sua atenção se volta instantaneamente para dentro, para o que deixa você e sua família felizes e realizados. Isso torna muito mais fácil aproveitar seu dinheiro, independentemente de como você decida gastá-lo.

2. Compreensão de que as pessoas são diferentes e de que o que funciona para mim pode não funcionar para você, e vice-versa.
Christopher Morley disse: "Só existe uma forma de sucesso: poder viver do seu jeito".

Muitos erros em relação às finanças vêm da tentativa de imitar pessoas que são diferentes de você.

Portanto, tenha cuidado em relação a com quem você se aconselha, quem você admira e até mesmo com quem convive. Fazendo as coisas com calma, ficamos menos suscetíveis a pessoas com objetivos e personalidades diferentes que digam que estamos fazendo as coisas do jeito errado.

Meu amigo Brent Beshore diz: "Fico 100% feliz em ver você ficar muito rico fazendo algo que eu não tenho interesse em fazer". Também dá para aplicar essa filosofia à forma como as pessoas gastam e economizam. Somos todos diferentes. A vida não é um jogo de soma zero. Deixe cada um cuidar da sua.

3. Foco na independência pessoal em detrimento da exposição social.
Quando faz as coisas sem alarde, você se torna egoísta, no bom sentido — usando o dinheiro para melhorar sua vida mais do que tentando influenciar a percepção alheia sobre ela. Prefiro acordar e fazer o que eu quiser, com quem eu quiser, pelo tempo que eu quiser do que tentar impressionar alguém com coisas legais.

4. Percepção de que a riqueza rápida é uma riqueza frágil.
O dinheiro que foi ganho rapidamente tende a ser barulhento, enquanto a multiplicação silenciosa é uma empreitada de longo prazo.

Isso é importante porque a velocidade com que seu dinheiro foi ganho pode influenciar muito a forma como você o administra. Gosto muito da ideia de que a velocidade com que você fez sua riqueza é a meia-vida do tempo em que você pode perdê-la. Dobrar seu dinheiro em um ano? Não se surpreenda quando perder metade dele com a mesma rapidez. O mesmo acontece nos negócios: expansão relâmpago? Falência relâmpago.

Duas coisas acontecem com a riqueza rápida e frágil.

Uma delas é que o dinheiro que vem fácil, vai fácil. Quando o dinheiro vem rápido, o custo emocional de gastá-lo em algo supérfluo é baixo. Só tomamos cuidado com o que nos é caro. Gastar rápido o dinheiro que você não investiu muito tempo ou energia para ganhar pode parecer o equivalente a um encontro de uma noite só: impulsivo e propenso a causar arrependimento. É por isso que quem tem dinheiro de família quer um paraíso fiscal e quem é novo-rico quer comprar uma Lamborghini.

A outra é que, quanto mais rápido a riqueza foi obtida, maiores são as chances de que ela seja fruto da sorte, que pode virar com a mesma rapidez. Se você tiver um ganho rápido inesperado e mudar seu estilo de vida por causa disso, a dor que vai sentir quando esse ganho inesperado não puder ser repetido pode ser existencial.

Quando se aceita essas realidades, a beleza da multiplicação silenciosa — lenta, discreta, não performática, em seus próprios termos — fica muito clara.

5. Compreensão de que a maneira mais rápida de ficar rico é ir devagar.

O que acontece quando a multiplicação silenciosa vira sua meta? A primeira coisa é que você se sente menos pressionado a se exibir para os outros. E, quando para de se exibir, sua atenção naturalmente se volta para o futuro, pois você se pergunta como construir uma vida melhor em vez de buscar mais atenção.

Isso permite que você nutra uma das habilidades financeiras mais poderosas: a persistência.

Uma grande ironia nas finanças é que a maneira mais rápida de ficar rico é, muitas vezes, ir devagar. Você nunca está com pressa, nunca está impaciente, raramente se preocupa ou é influenciado por quem faz as coisas de outra forma. Sabe que a longevidade e a capacidade de manter algo funcionando pelo maior período possível é a verdadeira magia das finanças. Como muitas coisas na vida, a velocidade recebe toda a atenção, mas a parcimônia é que tem todo o poder.

Muita gente quer ser investidora de longo prazo, mas tem dificuldade de ser de fato. Um dos motivos é se prender a comparações — com colegas, benchmarks e se perguntando o que os outros vão pensar se descobrirem que elas perderam dinheiro nos últimos seis meses.

Quando falamos de investimento, o sucesso financeiro de longo prazo tem a ver com a capacidade de absorver a volatilidade gerenciável; se não conseguir fazer isso, você será empurrado para a missão muito mais difícil de tentar evitar a volatilidade de curto prazo. Só dá para ser longevo quando, antes de qualquer coisa, você se preocupa mais em sobreviver à volatilidade do que em parecer burro por ter sido atingido por ela.

Em vez de tentar parecer mais inteligente do que os outros, você faz uma aposta tranquila de longo prazo de que as coisas vão melhorar lentamente com o tempo.

Você não tem pressa, mas tudo acontece.

Agora, vamos falar sobre o que ocorre quando você se olha no espelho e só vê dinheiro.

Identidade

Quando o dinheiro controla quem você é.

"Dinheiro é como gasolina em uma viagem de carro", diz o escritor Tim O'Reilly. "Você não quer ficar sem combustível durante a viagem, mas também não vai sair fazendo um tour pelos postos."[1]

Uma das formas mais comuns de o dinheiro deixar de ser uma ferramenta e se tornar um mestre é quando suas metas e crenças financeiras se tornam parte de sua identidade.

Cada pessoa é diferente, mas minha identidade é: pai, marido, filho, amigo. Isso é o que é realmente importante para mim, e é em torno disso que pauto minha vida. Se eu puder usar o dinheiro para melhorar essas coisas, ótimo. Mas não quero jamais que o dinheiro *seja* uma dessas coisas.

Harvey Firestone, na época um dos homens mais ricos dos Estados Unidos, contou em sua biografia de 1926 como muitas vezes sentia falta da vida simples que levava antes de ficar rico:

> Eu pagava 25 dólares por mês por uma casa pequena — nossa conta de supermercado mal chegava a 5 dólares por semana. Às vezes, parece que é melhor voltar àqueles dias mais simples, que se pode tirar mais proveito de uma vida menos complexa. [...] Mas isso não é possível. [...] As pessoas mudam com a prosperidade. Todos nós achamos que gostaríamos de levar uma vida simples e, então, descobrimos que adquirimos milhares de

pequenos hábitos dos quais não temos consciência, porque eles fazem parte do nosso próprio ser. Não há como voltar atrás — exceto como um homem falido.[2]

Ele queria retornar à sua vida simples, *mas não havia como voltar atrás, exceto como um homem falido, porque ser um homem rico havia se tornado parte de seu ser.*

Que confissão. E que belo exemplo do que acontece quando sua relação com o dinheiro se torna uma parte arraigada de sua identidade.

O investidor Paul Graham tem um ditado: mantenha sua identidade pequena.

"Quanto mais rótulos você der a si mesmo, mais burro eles o tornam", escreveu ele. "Como as pessoas não conseguem pensar com clareza sobre qualquer coisa que tenha se tornado parte da identidade delas, então, em condições normais, a melhor estratégia é deixar o mínimo possível de coisas entrarem em sua identidade."[3]

Em qualquer momento da vida em que disser "Eu sou..." — independentemente do que seja —, você formou uma identidade. E identidades são tão importantes que as pessoas muitas vezes chegam a extremos absurdos para defendê-las.

Permita-me compartilhar a identidade financeira mais comum que pode prejudicar as pessoas de maneiras que elas nunca imaginaram.

"Eu sou um poupador."

Parece ser uma característica muito boa e soa bastante inofensiva. E, claro, essas duas coisas são verdadeiras. Mas muitos planejadores financeiros dirão que um dos maiores desafios que enfrentam é fazer com que seus clientes gastem dinheiro durante a aposentadoria. Mesmo que seja uma quantia adequada e conservadora.

A moderação e o hábito de poupar tornam-se uma parte tão importante da identidade de algumas pessoas que elas nunca conseguem mudar de marcha.

Chamo isso de inércia da frugalidade. É o que acontece quando uma vida inteira de bons hábitos de poupança não consegue se transformar em uma fase de gastos razoáveis.

Acho que o que muitos realmente querem do dinheiro é a capacidade de parar de pensar nele. Juntar o suficiente para poder parar de pensar nele e se concentrar em outras coisas.

Mas essa meta pode ser frustrada quando poupar se torna uma parte arraigada da sua personalidade. Você tem dificuldade de deixar de se concentrar no dinheiro porque isso passou a ser uma grande parte da sua identidade. Você associa o sucesso na vida ao aumento progressivo da sua conta bancária e nunca é capaz de gastá-la, mesmo que de forma sensata.

Se você desenvolve desde cedo um sistema de poupança e vive confortavelmente sem usar todos os seus rendimentos — parabéns, isso é ótimo. Mas se você nunca consegue romper com esse sistema e insiste em um regime pesado de poupança bem depois de se aposentar... e aí? Será que ainda vale a pena? Aqueles cujo objetivo final era parar de pensar em dinheiro ficam presos. A recusa em admitir que a meta foi alcançada pode ser tão nociva quanto não a alcançar.

Charles Darwin observou certa vez que alguns animais têm características que dificultam sua sobrevivência — as penas do pavão, que atraem predadores, ou chifres enormes que dificultam a mobilidade na hora de fugir de uma perseguição. Por que a evolução não encontrou uma solução para elas? O raciocínio de Darwin era simples: algumas características são benéficas para o sucesso reprodutivo, mesmo que representem um risco a longo prazo.

Há muitos exemplos disso na natureza, com evidências de que um gene específico relacionado ao sucesso reprodutivo em humanos também está ligado à doença de Alzheimer.[4] A natureza é muito boa em favorecer determinado comportamento, mesmo que isso traga algum prejuízo no futuro.

Com o dinheiro, é bem parecido. Uma vez que um comportamento inteligente fica arraigado — um bom regime de poupança, uma forma de gastar o dinheiro que o agrade ou até mesmo uma estratégia de investimento —, você corre o risco de não conseguir enxergar quando for sensato fazer algo diferente e acabar tendo problemas no futuro. Sempre que cria uma identidade relacionada ao dinheiro — ser poupador, ser rico, ser pobre, eu sempre compro isso, eu sempre compro aquilo —, você constrói um obstáculo para em algum momento mudar de marcha, mudar de ideia ou experimentar algo diferente.

Isso é comum na área de investimentos, em que as pessoas assumem rótulos como "investidor em valor", "trader", "investidor em tecnologia". Parece algo inofensivo, mas, quando você se rotula, forma uma identidade que pode impedi-lo de ver o panorama geral, encontrar outras oportunidades ou mudar de ideia quando necessário.

Em algum nível, esses rótulos podem se tornar seitas — o movimento FIRE, já mencionado, em particular, começou com um objetivo digno (independência financeira precoce), mas esse objetivo pode se infiltrar de tal forma na identidade de seus seguidores que eles largam empregos de que gostavam, prejudicando a vida social e levando ao tédio.

Quem está no controle nesse momento: você ou sua devoção a uma filosofia financeira?

Uma vez, conheci um sujeito cujos pais são multibilionários há décadas. Esse homem — hoje com 40 e poucos anos — cresceu em um ambiente que quase nenhum de nós é capaz de imaginar. Várias mansões. Jatinhos particulares. Motoristas. Mordomos. Tudo o que o dinheiro podia comprar, quanto ele quisesse, quando ele quisesse.

E fiquei surpreso ao perceber rapidamente, quando o conheci, que ele era muito comum. Tão pé no chão, tão humilde, tão educado, tão empático, autêntico e — ouso dizer — acessível. Qualquer que seja o antônimo de mimado, era isso que ele parecia ser — o que é surpreendente, levando-se em conta o ambiente em que foi criado.

Perguntei como os pais dele tinham conseguido fazer aquela mágica. Como criar uma criança de modo tão normal quando o ambiente que a cerca é tão fora do comum?

"Não é difícil", ele respondeu. "O dinheiro nunca fez parte da nossa identidade."

"E o que fez?", perguntei.

"Amar uns aos outros, ser bons empregadores, ser bons cidadãos. Era sobre isso que a gente conversava. E era por essas coisas que julgávamos as outras pessoas."

Ele disse que, apesar de saber desde pequeno que sua família tinha mais dinheiro e bens do que qualquer outra pessoa que ele conhecia, seus pais nunca deram a entender que isso os tornava superiores a ninguém. O dinheiro era uma ferramenta para alavancar quem eles eram, mas nunca os controlou nem definiu.

"Quando as crianças são mimadas e malcriadas, geralmente não é só porque os pais compram coisas demais para elas", disse ele.

"É porque os pais ensinam às crianças que ter mais do que as outras pessoas faz com que você seja melhor do que elas." E os pais de crianças mimadas geralmente passam a acreditar que ganhar dinheiro, ter dinheiro e gastar dinheiro é parte integrante de quem são. Eles se olham no espelho e é isto que veem: dinheiro, dinheiro, dinheiro. "Eu sou uma pessoa com dinheiro." Essa é a identidade deles.

Até mesmo Charlie Munger — uma das mentes financeiras mais astutas e racionais do século passado — pareceu cair na armadilha da identidade financeira.

Pouco antes de morrer, em 2023, o lendário multibilionário Munger disse a uma entrevistadora: "Eu poderia ter me saído muito melhor se tivesse sido um pouco mais esperto, um pouco mais rápido".[5]

"Como assim? Você teve sucesso em tudo o que fez na vida", apontou a entrevistadora, Becky Quick, da CNBC.

"Bem, eu poderia ter tido vários trilhões em vez de vários bilhões", explicou Munger.

"Você pensa muito sobre isso? O que você teria feito de diferente?", pergunta Quick.

"Eu penso nisso, sim. Penso no que quase deixei passar por não ter sido suficientemente inteligente ou esforçado", responde Munger.

Dá para interpretar esse diálogo de várias formas. Ele era um investidor profissional, portanto, ter o dinheiro vinculado à sua identidade provavelmente era inevitável.

Mas pense em alguém comum com a mesma mentalidade — você alcançou o sucesso financeiro, pode se aposentar, pode fazer o que quiser, mas só consegue pensar em como poderia ter ganhado mais, economizado mais, investido mais. Há muitas pessoas assim. A identidade delas é o dinheiro.

E então é preciso se perguntar: o dinheiro está servindo a você ou é você que está servindo a ele?

Ele é sua ferramenta ou seu mestre? Ele serve a você ou você serve a ele?

Algumas coisas que você deve ter em mente para evitar que o dinheiro se infiltre em sua identidade de forma prejudicial:

Valorize a capacidade de mudar de ideia, de estilo de vida, alterar seus gastos e experimentar coisas novas.

O sinal mais seguro de que algo se tornou uma parte perigosa de sua identidade e o controla, e não o contrário, é a incapacidade de mudar de ideia quando você ou os fatos mudam.

O fundador da Visa, Dee Hock, tinha uma ótima frase: "Uma crença não é perigosa até que se torne absoluta".

A religião e a política são controversas porque, quase que por definição, suas crenças fazem parte da sua identidade — não estamos lidando apenas com ideias e filosofias, mas com tribos e raízes. Outra frase de Dee Hock também se aplica aqui: "Somos dotados de uma capacidade quase infinita de acreditar em coisas porque as crenças são vantajosas para nós, não porque estejam nem remotamente relacionadas à verdade".[6] A situação fica perigosa quando as pessoas permitem que suas crenças financeiras entrem na mesma categoria.

Adoro o conceito de liquidez mental. É a capacidade de abandonar rapidamente crenças e estratégias anteriores quando o mundo muda, quando você muda ou se vê diante de novas informações.

Muito do que chamam de "convicção" é, na verdade, um desprezo intencional por fatos que podem nos fazer mudar de ideia. Isso é perigoso, porque a convicção parece ser um atributo positivo, enquanto seu oposto — ser mutável — faz parecer que você não sabe o que quer.

A estratégia de ter crenças fortes, mas não se apegar demais a elas, é muitas vezes útil.

Hoje, na minha idade, acredito firmemente em economizar para o futuro. Mas não terei problemas em abandonar essa estratégia quando envelhecer, passar a trabalhar menos e quiser aproveitar o que juntei. O mesmo vale para aquilo em que gosto de gastar hoje e até mesmo para a classe socioeconômica à qual acho que pertenço.

A meta é poder viver a vida que você quer e ter o dinheiro a seu serviço. Você só vai chegar lá quando suas crenças financeiras não estiverem vinculadas à sua identidade. Querer mais dinheiro do que o necessário para ser independente e feliz é um passatempo contábil.

O dinheiro deve ser sempre uma ferramenta para aprimorar quem você é, não um objetivo em si.

Compreender o que é o pensamento independente de verdade.

A melhor definição de pensamento independente é quando suas crenças em um assunto não podem ser previstas a partir de suas crenças em outro assunto. Se você me disser a que partido político pertence e eu conseguir adivinhar instantaneamente e com precisão suas opiniões sobre imigração, aborto, impostos e armas, será que você está de fato pensando de forma independente ou apenas seguindo sua tribo?

Com dinheiro é a mesma coisa. Principalmente para quem tem uma renda acima da média: se você me disser seu salário e eu conseguir adivinhar com precisão quanto você gasta em carros, casas, roupas e férias, será que você está usando o dinheiro como uma ferramenta para aprimorar sua personalidade única ou apenas seguindo o que a sociedade diz quanto a como você deve gastar seu dinheiro?

As pessoas que conheço que melhor usaram seu dinheiro têm hábitos de consumo imprevisíveis. Gastam muito com uma coisa e bem pouco com outra. Valorizam isso e não se importam com aquilo. Pensam de maneira independente, forçando seu dinheiro a trabalhar para elas, e não o contrário.

É como escreveu o poeta Rudyard Kipling: "Se você puder falar com multidões e manter sua virtude, ou andar com reis sem perder o toque comum", está no caminho da grandeza.

A seguir, uma discussão sobre o que você precisa para impedir que a identidade controle suas crenças sobre dinheiro: experimentar coisas novas.

Com dinheiro é a mesma coisa. Principalmente para quem [illegible] me disser [illegible] e [illegible]

[illegible] pontos. [illegible] tudo é dinheiro [illegible] necessidade única [illegible]

[illegible]

[illegible] que [illegible] melhor nessa situação (em [illegible] coisa [illegible]

[illegible] de todas [illegible]

Experimente algo novo

Eu não me canso de repetir: dentro dos limites do seu orçamento, experimente o maior número possível de tipos de gastos, cortando rapidamente e sem piedade as coisas que não estão funcionando para você.

PERGUNTARAM UMA VEZ a Francis Crick, que descobriu a estrutura de dupla hélice do DNA, o que era necessário para ganhar o Prêmio Nobel. Ele respondeu: "Ah, é muito simples. Meu segredo é saber o que ignorar".[1]

Muitas mentes brilhantes funcionam assim. Albert Einstein disse certa vez que seu principal talento científico era a capacidade de vasculhar milhares de artigos e experimentos, encontrar os poucos que eram importantes e ignorar todo o resto.[2]

Pode parecer banal: *encontrar o que funciona e fazer apenas isso.* Ignorar o resto. Obrigado, Einstein.

Mas há muita sabedoria nessa estratégia, que se aplica perfeitamente na hora de encontrar aquilo em que você deve estar disposto a gastar seu dinheiro.

Primeiro, deixe-me contar uma ideia que tenho sobre livros.

Na hora de escolher um novo livro para ler, minha estratégia é ter um funil amplo e um filtro forte. Quero começar a ler o maior número possível de livros, mas terminar poucos deles.

A leitura se torna uma tarefa chata se você insistir em terminar todos os livros que começa, porque a maioria ou está resumida na introdução ou simplesmente não é para você.

Portanto, insistir em terminar todos pode ser um saco. Pode ser entediante, insatisfatório e uma perda de tempo. E, quando você vê a leitura por esse prisma, sua vontade de pegar outro livro diminui. Acredito que esse seja o motivo pelo qual algumas pesquisas mostram que metade dos estadunidenses não lê.[3]

E isso, claro, é trágico. "O homem que não lê bons livros não tem nenhuma vantagem sobre aquele que não sabe lê-los", disse Mark Twain. Toda pessoa inteligente que conheço é um leitor voraz, que também diz: "Toda pessoa inteligente que conheço é um leitor voraz". Há pouquíssimas exceções a essa regra.

Há mais de quatro milhões de títulos à venda em inglês. Se você só pegar livros dos quais tem certeza de que vai gostar — lendo os mesmos autores, os mesmos gêneros ou os mesmos assuntos —, vai deixar passar muitas obras que podem mudar sua vida e pelas quais nunca percebeu que poderia se interessar.

O conflito entre esses dois fatores — a maioria dos livros não precisa ser lida até o fim, mas alguns podem mudar sua vida de maneira surpreendente — significa que você precisa de duas coisas para aproveitar ao máximo a leitura: muitas entradas e um filtro forte.

Você deve estar disposto a começar a ler qualquer livro que pareça minimamente interessante. *Qualquer um.* Até mesmo o mais leve sinal de interesse deve ser suficiente para entrar na lista. Ficção, não ficção, romance, história militar, experimente tudo. Você quer o funil mais amplo possível, de modo a explorar o máximo de novas ideias.

Mas, depois, você precisa de um filtro forte. Se o livro não estiver rolando para você, passe rapidamente para o próximo.

O filtro deve ser implacável, sem dar tréguas nem demonstrar misericórdia. Assim como em um encontro, um livro que não lhe agrada após dez minutos de atenção tem pouca chance de ter um final feliz. Você não deve sentir vergonha ou culpa por não conseguir terminar um livro, mesmo que tenha desistido logo após as primeiras páginas. Há muitos títulos bons por aí. Procure outro.

Desde que comecei a usar essa estratégia, encontrei muitos livros incríveis dos quais nunca imaginei que gostaria. Nunca gostei de ficção até que me forcei a experimentar dez livros de ficção diferentes e encontrei um que adorei. O mesmo aconteceu com história, que parecia a pior matéria do ensino médio até que enfim descobri alguns temas dos quais não conseguia me cansar. Adorei alguns livros com críticas ruins. De outros, com críticas excelentes, não consegui passar da primeira página.

O que aprendi: é impossível saber do que você vai gostar até experimentar. Portanto, é preciso experimentar tudo. Porém, a única forma de experimentar um milhão de coisas novas é ter um filtro forte que rejeite imediatamente o que não é para você.

E, caramba, isso também é muito válido na hora de gastar dinheiro.

Há muitas formas diferentes de se gastar dinheiro que são certas para uma pessoa, mas insanas para outra.

Há quem viva para fazer viagens internacionais; outros não suportam ficar longe de casa. Para alguns, bons restaurantes são essenciais; outros não entendem essa moda e preferem pizza barata. Conheço quem ache que gastar dinheiro com passagens aéreas de primeira classe é praticamente cair num golpe; outros não se atreveriam a sentar para trás da quarta fileira. Tenho um amigo que possui mais de quinhentos pares de tênis, o que lhe dá muita alegria. Não consigo entender isso de jeito nenhum.

O escritor Ramit Sethi tem um conselho que eu adoro: você deve gastar de maneira extravagante com as coisas que ama, desde que corte impiedosamente as que não ama. Seu exemplo específico: ele adora roupas, mas não gosta de carros. Portanto, se veste como rico e tem o carro de um homem em dificuldades financeiras.

Se você não concorda com as escolhas de Ramit, entendeu a questão: cada um é diferente. Todo mundo tem a sua "coisa". E a única maneira de encontrar a sua é experimentar um milhão de coisas diferentes, rejeitando as que não lhe trazem alegria até encontrar aquela específica que traz. Gastar dinheiro é uma área da vida em que você precisa de um funil amplo e um filtro apertado.

Eu não me canso de repetir: dentro dos limites do seu orçamento, experimente o maior número possível de tipos de gastos, cortando rapidamente e sem piedade as coisas que não estão funcionando para você.

Tente gastar mais do que gasta atualmente com alimentação, viagens, roupas, eventos esportivos, experiências, o que quer que seja. Mas pare imediatamente se isso não o estiver deixando mais feliz, como se estivesse lendo um livro ruim.

Se fizer isso o suficiente, vai descobrir, por meio de um processo de eliminação, a coisa potencialmente única com a qual deve gastar e, se cortar as outras que não lhe trazem alegria, provavelmente terá dinheiro suficiente para gastar com o que de fato o faz feliz.

Quanto mais tipos diferentes de gastos você testar, mais próximo estará de um sistema que funcione para você. Os testes não precisam ser grandes: um prato novo de 10 dólares aqui, um mimo de 50 dólares ali, sapatos um pouco mais bonitos etc.

Albert Einstein e Francis Crick não nasceram sabendo os detalhes minuciosos de suas áreas — ninguém nasce. Eles tiveram que examinar pilhas e pilhas de pesquisas, rejeitando rapidamente o que consideravam banal. Esta é uma estratégia útil na hora de gastar dinheiro: não existe um guia sobre o que o fará feliz — você tem que experimentar um milhão de coisas diferentes e descobrir o que se encaixa em sua personalidade, cortando impiedosamente o resto.

Funil amplo, filtro apertado.

Alguns pontos são fundamentais para entender esse esforço de encontrar sua "coisa":

Se não consegue encontrar a sua "coisa", há uma boa chance de que o dinheiro o tenha aprisionado, controlando sua personalidade, e que você esteja viciado em poupar ou ignorando o potencial do dinheiro, tendo se tornado incapaz de usá-lo como uma ferramenta para proporcionar alegria em sua vida.

Se conhecesse alguém que dissesse: "Não gosto de nenhuma comida. Jamais fiz uma refeição que me desse prazer", você perceberia imediatamente que se trata de alguém que não experimentou o suficiente.

Com o dinheiro, pode ser parecido.

Há uma frase no filme *O primeiro milhão*: "Quem diz que o dinheiro não compra felicidade é quem não tem dinheiro". Eu mudaria a frase para: quem diz que o dinheiro não compra felicidade ainda não encontrou a sua "coisa". Tem que continuar tentando. Um funil mais amplo.

E isso não precisa ter a ver com bens materiais. Sua coisa pode ser doar dinheiro ou usá-lo para obter independência. Todo mundo tem uma coisa, basta se esforçar o suficiente para encontrá-la.

É comum que as pessoas se limitem àquilo que a sociedade diz que elas devem gostar.

O que geralmente significa que qualquer produto mais caro lhes trará mais alegria.

Às vezes, é verdade. Muitas vezes, não chega nem perto.

Usar o preço como uma medida de quanta alegria sentirá com uma compra pode fazer com que você não aprenda uma das lições mais importantes da história dos negócios: preços mais altos geralmente são encontrados em produtos de marca, e o objetivo de uma marca não é indicar qualidade. É sinalizar consistência.

Uma característica importante da vida nos Estados Unidos antes de 1850 é que a maioria das pessoas nunca viajava a mais do que algumas dezenas de quilômetros de seu local de nascimento. A vida era local. Você comia alimentos cultivados em sua cidade. Sua casa era feita de madeira local. Suas roupas eram costuradas por uma costureira local. Você conhecia a pessoa que as fazia. Muitas vezes, essa pessoa era você mesmo.

A Revolução Industrial e a Guerra Civil mudaram isso. De uma hora para outra, milhões de civis e soldados passaram a se deslocar, e as ferrovias proporcionaram uma forma de transportar mercadorias a maiores distâncias e mais rápido do que nunca.

Robert Gordon escreve em seu livro *The Rise and Fall of American Growth*: "À medida que os Estados Unidos se tornavam cada vez mais urbanos e a renda aumentava em termos reais, a parcela de alimentos e roupas produzidos localmente caía drasticamente. [...] Muitos norte-americanos tiveram sua primeira experiência com alimentos enlatados como soldados da União durante a Guerra Civil".

Foi um dos maiores avanços da história. Mas representou um problema.

Pela primeira vez, os consumidores estavam desconectados da pessoa que produzia seus alimentos. Durante a maior parte da história, um produto ruim ou era culpa sua ou era algo que podia ser discutido pessoalmente com um comerciante local. Mas os alimentos enlatados vinham de dezenas de fornecedores, nenhum dos quais os clientes conheciam ou podiam identificar. Sem responsabilização, a qualidade era péssima. A revista *Harper's Weekly* escreveu em 1869: "As pessoas da cidade estão em constante perigo de comprar [carne enlatada] insalubre; os vendedores não têm escrúpulos, e o público não é instruído". Ninguém sabia em quem confiar.

A William Underwood Company resolveu esse problema.

A Underwood era uma dessas dezenas de fornecedores de carne enlatada. Percebendo que o produto tinha a reputação de ser inconsistente, a empresa criou uma logomarca com um diabo vermelho que os consumidores fossem capazes de reconhecer. Acrescentou um slogan: "Com a marca do demônio, mas feita para deuses".

A logomarca recriou a familiaridade que o comércio cara a cara havia alcançado durante a maior parte da história. Independentemente da parte do país em que estivessem, os consumidores que viam a logomarca do diabo sabiam que estavam adquirindo um produto específico, fabricado por uma empresa específica, com padrões de qualidade específicos. Não se importavam de pagar mais pela carne da Underwood porque isso reduzia o risco que, de outra forma, correriam com um produto desconhecido.

Em 1867, a Underwood levou a logomarca para Washington, D.C., e obteve a primeira marca registrada federal. Foi, em muitos aspectos, a primeira marca dos Estados Unidos.

A questão é que marca sempre teve a ver com sinalização de consistência. O McDonald's não faz os melhores hambúrgueres, mas você sabe que um hambúrguer do McDonald's em Detroit terá o mesmo sabor de um na Dinamarca.

Isso tem valor — e muitas vezes é preciso pagar um preço maior. Mas significa que grande parte dos preços mais altos em uma economia moderna pode ser desvinculada da qualidade do produto. *Você não está necessariamente pagando pela qualidade, está pagando pela consistência.*

Quando se percebe que preços mais altos não indicam automaticamente maior qualidade, a necessidade de experimentar mais tipos de gastos é ainda maior. Tenho me alegrado mais com um burrito local de 7 dólares do que em alguns restaurantes cinco estrelas famosos, e possuo camisetas de 12 dólares melhores que outras que custam mais de 100.

Quando você se livra do fascínio por uma marca e se concentra naquilo que o faz mais feliz, um novo mundo de oportunidades se abre se estiver disposto a experimentar.

Descobrir rapidamente o que não comprar pode ser mais importante do que saber o que comprar.

Experimentar um milhão de coisas novas não funciona a menos que você desenvolva a habilidade de rejeitar rapidamente o que não é para você, como o leitor entediado que dorme após a primeira página.

Parte do risco dos gastos modernos é a suposição de que você deve gostar do que é anunciado, popular e caro. Talvez você goste. Mas talvez esteja caindo que nem um patinho no poder psicológico da publicidade.

Saber de cara quando rejeitar o tipo de gasto que não se encaixa em sua personalidade é uma das habilidades mais negligenciadas quando se trata de dinheiro. Requer uma independência feroz, livre dos constrangimentos que o fazem acreditar que aquilo de que as outras pessoas parecem gostar é o melhor para você.

Eu tenho uma teoria: quanto mais suscetível você for à publicidade, menos satisfeito estará com a própria vida. Fica desesperado para que alguém lhe diga do que deve gostar porque ainda não descobriu por si mesmo.

A solução é menos descobrir o que comprar do que rejeitar o que não funciona para você — o oposto de seguir o que dita o marketing.

A evolução, a força mais poderosa do mundo, nos ensina ao extinguir o que não funciona, selecionando o que funciona pelo processo de eliminação. Gastar dinheiro pode ser assim também. O funil largo só funciona se você tiver um filtro apertado.

Nassim Taleb diz: "Você é rico se o dinheiro que recusa tem um sabor melhor do que o que aceita". Ou seja: você está gastando com sabedoria se as coisas que rejeita têm um sabor melhor do que as que compra. Quanto mais você puder dizer "Experimentei comprar isso ou aquilo. Não funcionou para mim", mais saberá que está no caminho certo.

Experimentar coisas novas cria variedade na vida, o que é um valor por si só.

Há uma ideia bem estabelecida de que o tempo parece acelerar à medida que envelhecemos. As férias de verão parecem uma eternidade quando se tem 9 anos, mas os 60 podem passar em um piscar de olhos.

Uma teoria para explicar por que isso acontece é que a percepção do tempo depende do número de memórias novas e surpreendentes formadas em determinado período. A monotonia de se deslocar para o trabalho pelo mesmo caminho por vinte anos passa sem deixar marcas. Mas cada dia é uma surpresa inesquecível para uma criança que experimenta seu primeiro acampamento de verão ou ouve pela primeira vez sobre a grandeza do universo.

A monotonia deixa o tempo mais rápido, a variedade o deixa mais lento.

Com o dinheiro também é assim. Novas experiências e novos produtos que você nunca experimentou antes adicionam um nível de empolgação que é difícil reproduzir de outra forma. Mesmo quando a nova compra não funciona para você, a memória e o conhecimento que adquire ao experimentar algo novo podem ser mais emocionantes do que a monotonia das mesmas experiências repetidas dia após dia, ano após ano.

A variedade também o protege da imprevisibilidade da vida. Anthony de Mello, sempre sábio, diz: "Se você aprender a apreciar o perfume de mil flores, não se apegará a uma só nem sofrerá quando não conseguir encontrá-la".[4]

Agora vou falar sobre dinheiro e filhos.

O QUE O DINHEIRO NÃO COMPRA

Certa vez, ouvi de um padre uma história da qual jamais vou me esquecer.

Esse padre passou décadas dando a extrema-unção em hospitais. É o tipo de experiência que o coloca em uma posição única: você se familiariza com a forma como as pessoas se despedem de seus entes queridos.

Quando um pai ou uma mãe está morrendo, seus filhos geralmente procuram o padre com uma sensação de desespero. Como posso me despedir de alguém que foi tão importante na minha vida? Como posso dizer o quanto essa pessoa significava para mim?

O conselho do padre para os filhos é que entrem no quarto, um de cada vez, e agradeçam ao pai ou à mãe que está morrendo pela única coisa pela qual são mais gratos.

"Em famílias que eu sei que tiveram muitos problemas — relacionamentos tensos —, o filho em geral agradece ao pai por algo que custou dinheiro", disse ele. "Obrigado por pagar a minha faculdade. Obrigado por colocar comida na mesa. Obrigado por comprar um carro para mim. Nas melhores famílias, as que eu sei que têm relacionamentos sólidos", continuou ele, "os filhos sempre dizem a mesma coisa: obrigado por acreditar em mim."

O QUE SEUS FILHOS QUEREM

Uma vez, ouvi uma história que dizia o seguinte.

Um pai fazia uma brincadeira com seu filho toda semana. Ele oferecia ao filho uma moeda de dez e uma de cinco centavos, e dizia a ele para escolher uma das duas.

O filho sempre escolhia a moeda de cinco centavos.

Seu irmão lhe dizia que ele estava maluco, pois a moeda de dez centavos valia mais.

"Não, porque se eu escolher a moeda de dez centavos, pode ser que o papai pare de jogar esse jogo", respondeu o filho.

Se você tiver a sorte de ter dinheiro suficiente para gastar com seus filhos — ou com seus amigos, seu vizinho, seu parceiro, quem quer que seja —, lembre-se de que as pessoas que o amam quase certamente não querem seu dinheiro tanto quanto querem seu amor e sua atenção.

Dinheiro e filhos

Valores, trabalho duro, apoio
e o oposto de mimado.

JOHN D. ROCKEFELLER — na época o homem mais rico do mundo — entrou um dia no hotel Waldorf Astoria, em Nova York. Ele precisava de um quarto enquanto sua casa estava sendo reformada.

Pediu ao recepcionista do hotel o quarto mais barato disponível. O funcionário disse: "Sr. Rockefeller, certamente podemos conseguir algo melhor para o senhor. Quando seu filho se hospeda aqui, ele fica na suíte presidencial".

Rockefeller respondeu: "Sim, mas meu filho tem algo que eu nunca tive: um pai rico".[1]

Lidar com dinheiro e filhos é muito difícil. E esse não é um tema que se aplica apenas aos muito ricos: quase 60% dos pais estadunidenses com filhos entre 18 e 34 anos os ajudaram financeiramente no último ano.[2]

As famílias de classe média têm que considerar o que fazer com mesadas semanais, quanto apoio financeiro oferecerá a seus filhos quando eles forem para a faculdade e pequenas heranças.

Mas, como acontece tantas vezes com o dinheiro, esse não é um problema financeiro que pode ser resolvido em uma planilha. É tudo psicologia, sociologia e emoção. Dinheiro e filhos podem ser, na verdade, os problemas financeiros mais emotivos que existem — ainda não conheci nenhum pai ou mãe que não se abale com o futuro financeiro dos filhos.

Um dos temas mais complexos com relação a filhos e dinheiro é como você, enquanto pai ou mãe, usa seu dinheiro para ajudá-los sem mimá-los.

Uma vez, um dos amigos ricos de Charlie Munger perguntou para ele se deixar um monte de dinheiro para seus filhos arruinaria a motivação e a ambição deles.

"É claro", disse Charlie. "Mas tem que deixar mesmo assim."

"Por quê?", perguntou o amigo.

"Porque, se você não der o dinheiro a eles, eles vão odiar você", respondeu Charlie.

Como muitos dos conselhos de Munger, acho que essa interação foi planejada para ser memorável.

Mas, de modo geral, ele tem razão. Estas são as duas opções para os ricos ao dar dinheiro aos filhos: arruinar a ambição deles devido à herança ou arriscar algum tipo de conflito ao negar-lhes uma vida fácil.

Warren Buffett disse que sempre ouvia os ricos falarem dos riscos de uma sociedade assistencialista, que criaria uma geração de pedintes dependentes de auxílio-alimentação e seguro-desemprego. Mas "essas mesmas pessoas estão deixando para os filhos um suprimento vitalício de auxílio-alimentação e muito mais", observou ele. "Em vez de ter um dependente do governo, eles têm um dependente de herança. E, em vez de ter auxílios-alimentação, eles têm ações e títulos que pagam dividendos."[3]

É claro que há exceções. Mas a maioria delas — crianças ricas que herdam dinheiro sem que isso afete sua ambição — se deve ao fato de as crianças serem especiais, e não porque os pais necessariamente tomaram decisões inteligentes. Se o Bill Gates de 18 anos herdasse 1 bilhão de dólares, isso não teria afetado sua ambição. O mesmo vale para Steve Jobs e Elon Musk. Ofereceram a Mark

Zuckerberg 1 bilhão de dólares pelo Facebook quando ele tinha 22 anos, e ele não pestanejou. Nem sequer pensou no assunto.

Mas essas são as aves raras. A maioria das pessoas precisa ser movida pelo medo de não ter nada.

Meu amigo Chris Davis cresceu em uma família rica — seu avô é o lendário investidor Shelby Davis, que transformou 50 mil dólares em quase 1 bilhão — e ouviu, desde criança, que não veria um centavo desse dinheiro porque a família não queria lhe roubar a oportunidade de conquistar sucesso por conta própria.

Hoje, Chris brinca: "Eles podiam ter me roubado *só um pouquinho*".

Nunca é fácil.

Um detalhe aqui é que é perigoso para você, enquanto pai ou mãe, viver determinado estilo de vida enquanto exige que seus filhos vivam de modo diferente e mais modesto.

Você pode ter boas intenções ao querer que seus filhos vivam uma existência comparativamente humilde: ensinar-lhes o valor da virtude, do trabalho duro e do respeito. Mas corre o risco de ensinar algo completamente diferente: o ressentimento.

Para dar um exemplo extremo: se você voa de primeira classe e faz seus filhos irem na econômica, a mensagem que pretende passar a eles é: "Trabalhe tanto quanto eu e um dia você poderá fazer o mesmo". Mas a mensagem que eles podem ouvir é: "Tenho mais valor do que você e gosto de te ver sofrendo".

Uma vez, Cornelius Vanderbilt exigiu que seu filho Billy parasse de fumar. "Seu desejo é suficiente", disse Billy enquanto jogava seu charuto no mar. Cornelius então enfiou a mão no bolso, tirou um charuto, acendeu, deu uma tragada e soprou a fumaça na cara de Billy.[4] Você pode até rir, mas demonstrações de poder semelhantes ocorrem quando os pais tentam ensinar aos filhos o trabalho duro e a simplicidade sem que eles próprios pratiquem esses valores.

Certa vez, um amigo me contou sobre quando ia esquiar com a família na infância e seu avô dizia: "Se você quiser que eu lhe compre um bilhete de teleférico, primeiro precisa subir a montanha uma vez". A lição que as crianças aprenderam com essa experiência não foi trabalho duro e virtude. Foi: "O vovô é um babaca". É possível provocar danos iguais tentando incutir dignidade em seus filhos e os mimando.

Cada família encontra seu próprio caminho. Mas tudo o que vi me mostra que, quando os filhos são jovens e moram com os pais, todos têm de levar o mesmo estilo de vida material. Portanto, você, pai ou mãe, precisa escolher esse estilo de vida com cuidado. "Você ainda não conquistou o que eu tenho" pode ser uma mensagem menos eficaz do que "Deixe-me ensinar-lhe o valor do trabalho duro fazendo isso também". Lidere pelo exemplo, não pela humilhação.

Outra questão sobre a escolha cuidadosa de seu estilo de vida é a medida em que você, enquanto pai ou mãe, define as expectativas de estilo de vida de seus filhos quando eles ainda são pequenos.

Se tiver a sorte de ter alguma renda de sobra e, digamos, comprar um carro de luxo quando seus filhos forem pequenos, mas depois eles decidirem ser professores do jardim de infância e só puderem comprar carros modestos, será que vão se sentir envergonhados? Vão se sentir fracassados em relação aos pais? Será que vão acabar escolhendo uma carreira da qual não gostam, mas que paga bem, porque se sentem pressionados a pelo menos igualar o estilo de vida no qual foram criados? Será que meu desejo de dar aos meus filhos uma boa vida material hoje os prepara para as decepções do futuro se não conseguirem ter o mesmo estilo de vida com o qual cresceram?

O crescimento geracional — a sensação de que você igualou ou superou a vida construída por seus pais — é uma parte importante do bem-estar da maioria das pessoas. A autora Jennifer Breheny Wallace escreve: "O vínculo entre pais e filhos é o relacionamento mais importante para a saúde mental de uma criança. Quando ela não consegue atender às altas expectativas dos pais, esse vínculo é comprometido".[5]

Encontre seu próprio caminho — eu não o julgo —, mas leve em consideração esses pontos e escolha seu estilo de vida com cuidado.

No caso de filhos crescidos, estáveis e independentes, minha filosofia para lidar com eles e com dinheiro muda.

Quando meus filhos forem mais velhos, quero usar meu dinheiro para ser uma rede de segurança em último caso, mas nunca como combustível. Grande parte do sucesso na vida é aprender a fracassar sem fracassar tanto a ponto de não conseguir se recuperar. Eu quero evitar o colapso. Mas não quero jamais usar o dinheiro como uma muleta a ponto de meus filhos não aprenderem — por conta própria — o valor do trabalho duro, da dignidade e da gestão do fracasso.

Foi assim que coloquei isso em palavras para eles:

> Pode parecer duro, mas espero que vocês sejam pobres em algum momento. Não que passem dificuldades nem que sejam infelizes, claro. Mas não há como aprender o valor do dinheiro sem sentir o poder da sua escassez.
>
> Seus pais vão trabalhar duro para sustentá-los e abrir as portas das oportunidades. Mas não vamos mimar vocês. Não estamos tentando ser maus. Aprender que não se pode ter tudo o que se quer é a única maneira de entender a diferença entre uma necessidade e um desejo. Isso vai ensiná-los a fazerem

um orçamento, a economizarem e a valorizarem o que já têm. Aprender a ser frugal sem se prejudicar é uma habilidade essencial, que será útil durante os inevitáveis altos e baixos da vida.

Rob Henderson faz uma observação relacionada que me marcou muito. Um objetivo nobre como pai não deve ser criar filhos bem-sucedidos — o sucesso tem que ser uma consequência de criar filhos que se sintam confiantes o suficiente para encontrá-lo por conta própria. Ele escreve:

> Passei a acreditar que ascensão social não deve ser nossa prioridade como sociedade. Em vez disso, deve ser o efeito colateral de coisas muito mais importantes: família, estabilidade e segurança emocional para as crianças.[6]

Digo aos meus filhos que o verdadeiro sucesso é quando as pessoas que você quer que o amem realmente o amam. E esse amor vem principalmente da forma como você trata as pessoas, e não de quanto você gasta ou do tamanho do seu patrimônio. O conselho financeiro mais importante que posso dar aos meus filhos é que o dinheiro, por si só, não vai proporcionar o que eles e quase todo mundo mais deseja na vida. Nenhuma quantia pode compensar falta de caráter, de honestidade e de empatia genuína.

Quando penso dessa forma, fica muito óbvio o que quero ensinar a eles: o caráter, a mentalidade e a atitude necessários para serem trabalhadores confiantes, amigos confiáveis e bons cidadãos, o que, por sua vez, os ajudará a prosperar financeiramente.

Algumas outras coisas sobre dinheiro e filhos que sempre considerei importantes:

1. Warren Buffett diz que é bom ter na vida pessoas que você não quer decepcionar.
Talvez não haja melhor exemplo disso do que ter filhos. É comum que os pais se perguntem como o dinheiro deles influenciará seus filhos, mas o inverso costuma ter a mesma importância. Como seus filhos influenciam suas decisões financeiras?

O consultor financeiro Carl Richards diz que o objetivo de um bom consultor financeiro é "estabelecer uma distância entre você e a burrice". Protegê-lo dos seus piores impulsos. Ter filhos que você não quer decepcionar pode fazer isso de uma forma muito poderosa.

O que leva ao próximo ponto.

2. Seus filhos estão prestando atenção.
Sempre e o tempo todo. Quer você perceba ou não.

Se os pais forem mimados e materialistas, os filhos também serão. Se os pais forem trabalhadores e tiverem bons valores, observe o que acontece com os filhos.

Há vários estudos que mostram que os filhos herdam a maioria de suas crenças políticas dos pais. Um estudo do Pew Research Center mostrou que oito em cada dez pais que se inclinam para o lado Republicano têm filhos adolescentes que se identificam como Republicanos; entre os Democratas, são nove em cada dez.[7]

O que acho notável nesses números é que a maioria dos pais não se senta deliberadamente com os filhos para explicar por que um partido é melhor do que o outro. Quase nunca há uma palestra detalhada e explícita sobre prós e contras, contra-argumentos e refutações. Mas ainda assim os filhos herdam os pontos de vista, porque estão sempre prestando atenção. Eles percebem os comentários e os olhos se revirando enquanto assistem ao noticiário, e veem como os pais reagem a determinada eleição ou à opinião do vizinho. Com o passar do tempo, por meio do acúmulo de milhares de pistas sutis — poucas das quais os pais pretendiam explicitar —, a criança constrói crenças políticas que se tornam firmes.

Com o dinheiro pode ser muito parecido.

Você não precisa sentar seus filhos à mesa de jantar e explicar seus valores em relação ao dinheiro. Eles já sabem. Desde que eram pequenos, catalogaram todas as vezes que você disse: "Não temos dinheiro para isso" ou "Adorei que compramos aquilo". Eles veem o que você valoriza. Observam o que você desperdiça. Anotaram mentalmente o quanto você ficou feliz quando chegou em casa e anunciou que recebeu um aumento ou o quanto ficou assustado quando foi demitido. Notaram quando invejou o carro novo do vizinho. Ouviram a discussão de casal sobre decisões de gastos. Repararam quando você foi ganancioso. Viram quando você foi frugal.

Eles prestaram atenção a tudo. E, quando se tornarem adultos, isso terá se acumulado em um efeito profundo sobre a forma como pensam sobre dinheiro.

3. Ao que você quer que eles prestem atenção?

Quando você entende que seus filhos estão sempre prestando atenção, percebe que todo momento é uma oportunidade de liderar pelo exemplo.

Quero mostrar aos meus como é possível usar o dinheiro como ferramenta para ter uma vida melhor. Não quero sobrecarregá-los — tampouco envenená-los — com demonstrações de insegurança e ganância.

Quero mostrar, por meio do exemplo, que, se você já cobriu o que importa em termos de família, saúde e amigos, sentirá menos vontade de usar seu dinheiro para se exibir para desconhecidos.

Quero mostrar, pelo exemplo, que nenhuma soma de dinheiro que você tenha e nenhum bem material que possua fará com que as pessoas gostem de você se for um idiota, não tiver empatia ou se sentir superior àqueles que não tiveram a mesma sorte.

Quero mostrar, pelo exemplo, que a melhor utilidade do dinheiro é usá-lo para controlar seu tempo, garantindo liberdade e independência, vivendo da maneira que você escolher.

4. Pense no que os fará lembrar você.

Uma vez, perguntaram a Jonas Salk, inventor da vacina contra a poliomielite, qual era seu principal objetivo na vida.

"Ser um bom ancestral", respondeu ele.

Que objetivo maravilhoso para todos os pais. Deixar para os filhos, netos e gerações futuras o conhecimento de como o mundo funciona, a sabedoria para perceber o que importa, a independência para fazer as próprias escolhas, a confiança para correr riscos, a prudência para pensar a longo prazo e os valores para saber como eles próprios podem se tornar bons ancestrais.

Quanto de ser um bom ancestral tem a ver com dinheiro? Com comprar coisas boas para seus filhos? Com deixar uma herança?

Ah, geralmente muito pouco.

É comum os pais pensarem que gastar dinheiro com os filhos vai lhes proporcionar uma vida melhor. Mas esse pensamento pode ser uma muleta. Muitas vezes, é uma desculpa para evitar ensinar algumas das lições de vida mais significativas e duradouras, ou para evitar estar presente, ou para evitar demonstrar seu amor de maneiras diferentes.

Seus filhos podem querer seu dinheiro, mas o que eles vão valorizar — e que vai fazê-los lembrar de você — são valores mais profundos, que o dinheiro não pode comprar.

Planilhas não ligam para os seus sentimentos

Quando as emoções são mais relevantes que os números.

Minha esposa e eu nos orgulhamos de tomar decisões financeiras racionais. Mas, há uma década, estávamos procurando nossa primeira casa. Encontramos pela internet uma que nos agradou e, ao sairmos para uma visita com um corretor, prometemos a nós mesmos que não faríamos nada precipitado — estávamos só reunindo informações.

Então, entramos na garagem e minha esposa exclamou: "Adorei!". Eu também tinha adorado. Tínhamos um bebê — nosso primeiro filho —, e havia um balanço para crianças em uma árvore no jardim. Perfeito.

E foi isso. A emoção entrou em cena, e não havia nada que pudéssemos fazer.

Em um mundo perfeito, a decisão de comprar um imóvel seria uma análise tranquila, feita em uma planilha. Na realidade, você anda por uma casa à venda e imagina onde os móveis vão ficar. Imagina a manhã de Natal com seus filhos e sonha com churrascos com os amigos.

Uma noite antes de a nossa oferta ser aceita, perguntei à minha esposa como ela se sentiria se perdêssemos a casa. "Eu ficaria arrasada", disse ela. Eu também ficaria. Sei que é uma maneira horrível de pensar sobre a maior decisão financeira da sua vida, mas era a realidade do momento. É a realidade do que quase todo mundo faz. Ninguém pensa em comprar uma casa da mesma forma que pensa em comprar uma torradeira.

Não nos arrependemos de nada — a casa era ótima mesmo. Mas não dá para fingir que é possível tomar decisões que mudarão sua vida e terão um impacto enorme sobre você e sua família tratando isso como um problema matemático que pode ser resolvido em uma planilha. Planilhas não ligam para os seus sentimentos. Mas, às vezes, esses sentimentos são a parte mais importante de uma grande decisão financeira.

O ponto aqui é perceber que nem todas as decisões financeiras emotivas são imprudentes. Muitas delas são extremamente importantes. Jason Zweig, do *Wall Street Journal*, escreveu certa vez sobre o fato de sua mãe ter vendido sua casa de longa data:

> "Não tenho nenhum apego emocional à casa; nunca gostei dela fisicamente", mamãe nos disse. "Mas tudo de importante que já aconteceu em nossa vida como família está aqui, e eu não posso simplesmente deixar tudo isso para trás."[1]

Se eu perguntasse: "Quanto valem as lembranças com seus filhos?", você diria que é impossível atribuir um valor em dinheiro. Mas se eu perguntasse: "Qual é o valor de mercado justo da casa em que você criou as lembranças com seus filhos?", você provavelmente conseguiria estimar uma quantia com facilidade.

Entender a diferença entre esses dois valores ajuda a explicar muitas decisões de gastos.

Quem você acha que encontra um cônjuge melhor: a pessoa que faz uma planilha das características que deseja em um parceiro e só cogita sair com alguém que cumpra todos os requisitos ou aquela que conhece um parceiro de forma casual e sabe, no fundo do coração, que as coisas parecem se encaixar?

Na prática, as melhores decisões provavelmente acontecem na interseção entre cabeça e coração. O ponto ideal com relação ao dinheiro é ser movido por partes iguais de matemática racional e alegria emocional. Você tem que ser responsável com os números, mas também saber como fazer com que eles funcionem para sua alma.

No entanto, como o dinheiro parece ser um campo baseado na matemática, muitas pessoas se atrapalham ao olhar para os problemas financeiros apenas pelas lentes do que é racional, do que é eficiente, do que é metódico.

Uma vez perguntaram a Louis Armstrong, o maior músico de jazz de todos os tempos, o que faz uma música ser boa. "Se ela soa bem, você não se preocupa com o que ela é", disse ele. "Apenas vá lá e aproveite. Qualquer coisa que faz você bater o pé junto é boa música."[2]

Muitas coisas funcionam assim.

Como você encontra músicas de que gosta? Ou comidas que adora? Como atribui valor às lembranças que criará em uma casa que ama?

Não é consultando a parte racional do cérebro. A parte subjetiva e emocional não apenas está no controle — ela *tem* que estar no controle. Ela sabe o que você quer melhor do que as planilhas jamais saberiam.

Aliás, acho que administrar dinheiro se torna mais fácil quando você se dá conta de como ele pode ser algo emocional. Em vez de um problema matemático a ser resolvido, você o vê como um problema emocional com que lidar, dentro de alguns limites orçamentários.

Mais algumas palavras sobre esses limites no próximo capítulo.

As pequenas coisas

A sabedoria — e a futilidade —
de ficar obcecado com
pequenas compras.

RORY SUTHERLAND ESCREVEU: "O oposto de uma boa ideia também pode ser uma boa ideia".[1]

Com isso em mente, vamos debater o tema da obsessão por pequenas despesas em seu orçamento. Quero convencê-lo de que fazer isso pode mudar sua vida e, ao mesmo tempo, ser uma completa perda de tempo.

O ex-presidente dos Estados Unidos Calvin Coolidge era notoriamente frugal. Ao assumir o comando de um orçamento federal que gastou 21 bilhões de dólares durante seu mandato, a equipe de Coolidge enviou um cartão a todos os funcionários do Departamento de Agricultura com os seguintes dizeres:

> A correspondência do governo custa
> *26 centavos de dólar por carta.* Ajude a reduzir o custo.
> Escreva menos cartas. Escreva cartas mais breves.[2]

Tornando a redação de cartas ainda mais precária, a política oficial de Coolidge era que cada funcionário do governo recebesse um lápis de cada vez e, se o lápis não fosse usado até a borracha, deveria ser devolvido ao governo para uso posterior.

Você acha isso absurdo? Bem, pense que o governo federal empregava cerca de 585 mil pessoas em 1925. Se cada uma delas escrevesse cinco cartas por dia — lembre-se, isso foi antes do e-mail e nos primórdios do uso generalizado do telefone —, um custo de 26 centavos de dólar por carta representaria para o governo mais de 197 milhões de dólares por ano. Isso em uma época em que os gastos totais do governo eram de aproximadamente 2,8 bilhões de dólares anuais.

Quase 7% dos gastos do governo eram com *cartas*.

Vou lhe dar um pouco de contexto: em 2023, o governo federal gastou aproximadamente 10% de seu orçamento com os juros da dívida interna.

Esses valores não eram irrelevantes. Coolidge não era um idiota.

O autor Kevin Kelly escreveu: "Preste atenção às pequenas coisas. Mais pessoas são derrotadas pelas bolhas nos pés do que pelas montanhas".

Vou dar um exemplo ainda mais radical.[3]

Certa vez, John D. Rockefeller estava discutindo a soldagem de tampas em latas de óleo com o especialista da fábrica.

"Quantas gotas de solda você usa em cada lata?"

"Quarenta", respondeu o homem.

"Você já tentou usar 38?" perguntou Rockefeller. "Não? Você se importaria de selar algumas com 38 e me dizer?"

Trinta e oito gotas não foram suficientes — as latas vazaram. Mas trinta e nove pareceu funcionar bem. Essa se tornou a nova norma. Uma gota a menos do que o padrão original de quarenta.

"Essa única gota de solda", disse Rockefeller mais tarde, "economizou 2.500 dólares no primeiro ano; mas o negócio de exportação continuou aumentando depois disso, e dobrou, quadruplicou — tornou-se imensamente maior do que era na época; e a economia tem sido constante, uma gota em cada lata, e desde então chegou a muitas centenas de milhares de dólares."

Isso equivale a algo em torno de 20 milhões de dólares em valores atuais. A questão é que pequenas mudanças, em escala, geram um impacto enorme.

É comum encontrar alguém que comprou sua casa, digamos, em 1974, por algo em torno de 60 mil dólares. Hoje, ela vale, talvez, 350 mil. Os proprietários, sem dúvida, têm a sensação de que fizeram um investimento excepcional.

Mas esses números equivalem a um retorno anual médio de 3,75%. Os impostos sobre a propriedade tendem a ser em média de aproximadamente 1%, o que leva nosso retorno efetivo para 2,75% ao ano. A manutenção e os reparos variam muito, mas deve-se esperar gastar de 1% a 3% do valor da sua casa por ano em manutenção.

Onde isso nos deixa em termos de retorno de longo prazo? Ah, bem reduzido.

As despesas pequenas e fáceis de ignorar se acumulam e se tornam tão caras ao longo do tempo que superam os custos grandes e óbvios aos quais prestamos mais atenção.

Preço é algo fácil de calcular. É apenas o quanto você pagou inicialmente e pelo quanto acabou vendendo. Já custo é mais difícil, pois tende a ser um lento gotejamento ao longo do tempo, que é fácil de ser ignorado, mas se acumula rapidamente. O mesmo vale para carros, barcos e hobbies. Dá até para dizer que o custo de fumar é o preço de um maço de cigarro mais o custo de longo prazo do tratamento médico associado ao hábito. Um é fácil de calcular, já o outro é muito difícil.

Ouvi uma vez a história de um homem que percebe que a colega de trabalho está tomando um café com leite e pergunta: "Com que frequência você toma café com leite?".

"Todo dia", responde a colega de trabalho.

"Uau! Todos os dias durante trinta anos de sua carreira!", diz o homem. "É muito dinheiro! Um café com leite por dia significa que você está gastando mais ou menos 1.900 dólares por ano. Se, em vez disso, você investisse esse dinheiro com um retorno de 8%, teria 250 mil. Daria para comprar uma Ferrari".

A colega parece perplexa.

"Você toma café com leite?", pergunta ela ao homem.

"Não."

"Então, cadê a sua Ferrari?"

Por favor, se você gosta de café com leite, pode tomar o dia todo. A questão aqui é que quase todo mundo tem pequenas despesas que poderiam ter se transformado em uma fortuna se fossem tratadas com mais cuidado. E elas poderiam ter sido manejadas com pouco esforço — um valor pequeno aqui, um valor pequeno ali. As pessoas se esforçam muito para incrementar os retornos de seus investimentos porque sabem que, se conseguirem melhorar seus retornos anuais mesmo que em 0,1% ao ano, isso pode se transformar em uma fortuna quando multiplicado ao longo do tempo. Mas, quando se trata de pequenas despesas — cartas, solda, café com leite —, é mais difícil de entender essa lógica.

Warren Buffett era tão obcecado por juros compostos desde cedo que media suas despesas presentes pelo valor que aquela quantia teria no futuro se ele a investisse e a deixasse crescer. Um corte de cabelo, para ele, custava 30 mil dólares — o valor que aqueles poucos dólares valeriam no futuro se ele os multiplicasse. Um terno caro custava milhões em retornos de investimentos futuros perdidos. Sob essa lógica, lavar o carro não valia a pena; custaria dezenas de milhares de dólares em dinheiro futuro só para remover um pouco de sujeira. "Não tenho certeza se quero gastar 500 mil dólares dessa forma", dizia Buffett aos amigos quando ponderava se deveria gastar alguns trocados.[4]

Chris Davis conta uma história sobre estar em Nova York quando criança e pedir ao avô um cachorro-quente de 1 dólar. O avô disse que, se ele conseguisse obter os mesmos retornos de investimento que obteve ao longo da vida, aquele cachorro-quente de 1 dólar, na verdade, custaria *mil dólares*. (Chris recentemente fez as contas e descobriu que não era um exagero; seu avô Shelby Davis multiplicou seus ativos centenas de vezes durante a vida.)[5]

Talvez você ache essa postura mesquinha. Eu não a recomendaria para pessoas comuns (por favor, coma quando estiver com fome e corte o cabelo quando tiver vontade.)

A questão é que, quando você entende a rapidez com que pequenas despesas se transformam em enormes retornos perdidos, passa a ver o mundo de outra forma. Você percebe que a construção de uma fortuna de longo prazo tem menos a ver com decisões grandes e brilhantes, e mais com decisões pequenas e consistentes que se multiplicam por um longo período.

Agora, deixe-me apresentar a visão oposta, que espero que você considere igualmente persuasiva.

Existe um ditado que eu adoro: economize um pouco todos os meses e, no final do ano, você vai se surpreender com o pouco que ainda tem.

O historiador Cyril Northcote Parkinson criou uma coisa chamada Lei da Trivialidade de Parkinson. Ela afirma que "a quantidade de atenção que um problema recebe é inversamente proporcional à sua relevância".

Parkinson descreveu um comitê financeiro fictício com três tarefas para aprovar: 10 milhões de dólares para um reator nuclear, 400 dólares para um galpão de bicicletas e 20 dólares para os lanches dos funcionários na sala de descanso.

O comitê aprova o reator nuclear de 10 milhões imediatamente, porque o número é grande demais para ser contextualizado, as alternativas são assustadoras demais para serem analisadas, e ninguém no comitê é especialista em energia nuclear.

O galpão é consideravelmente mais debatido. Os membros do comitê discutem se um bicicletário seria suficiente e se o galpão deveria ser de madeira ou alumínio, porque eles têm alguma experiência em trabalhar com esses materiais em casa.

Os lanches dos funcionários ocupam dois terços do debate, porque todos têm opiniões vigorosas sobre o melhor café, os melhores biscoitos, as melhores batatinhas etc. Muitos lares funcionam da mesma forma.

O escritor Ramit Sethi fala que muita gente faz perguntas de 3 dólares (Posso comprar esse café com leite?), sendo que o que importa para o sucesso financeiro são perguntas de 30 mil dólares (Em que faculdade eu deveria estudar?).

O exemplo do café com leite que usei antes deixa muitas vezes os consultores financeiros malucos, porque eles veem as pessoas se perguntando se devem cortar o café com leite de seu orçamento quando essas mesmas pessoas fazem faculdades que não podem pagar, têm carros que não podem pagar e moram em casas que não podem pagar. Todos ficam obcecados por problemas de 3 dólares enquanto os de 300 mil recebem muito menos atenção.

A quantidade de atenção que um problema recebe é inversamente proporcional à sua relevância.

Acho que parte da razão pela qual isso acontece é que o foco em itens de baixo custo faz com que você sinta que está sendo responsável, agindo e progredindo, o que torna mais fácil ignorar os grandes problemas. As pessoas percebem quando estão sendo omissas, dando zero atenção a um problema. Mas quando você pode dizer: "Olha só para mim, cortando o café com leite das minhas despesas como um planejador financeiro responsável", é mais difícil perceber que está sendo irresponsável com gastos muito maiores.

Para a maioria das pessoas, alguns poucos itens do orçamento representam a maior parte das despesas:

- Faculdade
- Casa
- Carro
- Plano de saúde
- Cuidados com os filhos

E pronto. Isso é o que deve atrair toda a sua atenção. Todo o resto é um erro de arredondamento.

Cuidar de pequenas despesas pode render uma fortuna. Mas também pode desviar sua atenção de problemas muito maiores.

Não acho que esses dois pontos sejam contraditórios. Lembre-se de que o oposto de uma boa ideia também pode ser uma boa ideia. Eles são igualmente importantes.

Para lidar bem com o dinheiro, é preciso entender a estratégia *barbell* aplicada ao bom comportamento.

Poupe como um pessimista e invista como um otimista.

Espere o pior, torça pelo melhor.

Viva o hoje, prepare-se para o amanhã.

Permita-me dar outro exemplo: é quase impossível construir riqueza sem controlar suas maiores despesas. E é muito difícil multiplicar a riqueza sem se preocupar com as despesas pequenas.

Agora vamos falar sobre ganância e medo.

O ciclo de vida da ganância e do medo

Começa de forma inocente, vira uma loucura e termina exatamente onde começou.

Alguns ela esmaga imediatamente sob seu terrível pé;
outros ela condena a um destino como o dos escravos da galé;
alguns poucos ela favorece e acaricia, levando-os às alturas nas bolhas da fortuna;
depois, com um súbito sopro, ela estoura as bolhas e ri zombeteira ao vê-los cair.

— James Weldon Johnson, sobre a cidade de Nova York[1]

A GANÂNCIA E O medo controlam muitas coisas na vida.

Penso da seguinte forma: não há nenhum sucesso que não possa ser destruído pela tentação de aproveitá-lo em excesso. E não há oportunidade tão atraente que não chame a atenção até mesmo de alguém que se recusa a olhar.

Esses dois sentimentos inocentes são a principal causa da maioria dos erros, arrependimentos e constrangimentos relacionados ao dinheiro.

A ganância e o medo estão em todos os lugares em que se olha para o dinheiro, e não apenas na forma como o investimos ou nas altas e baixas dos mercados. Também podem ser fundamentais para a forma como gastamos.

Gastar dinheiro geralmente requer otimismo; poupá-lo geralmente requer pessimismo. Por um lado, esses dois sentimentos não são apenas aceitáveis, são necessários e úteis. Por outro, o tiro sai pela culatra e eles se transformam em passivos perigosos. Muitas vezes, só percebemos que o limite foi ultrapassado quando já é tarde demais. Grande parte do sucesso na vida é encontrar o delicado equilíbrio de quando o otimismo se transforma em ganância e o pessimismo, em medo.

E a ganância e o medo são traiçoeiros. Pessoas com as melhores intenções e ética são sugadas por suas armadilhas. Embora você talvez pense que são sentimentos opostos, eles compartilham uma origem comum. Há um ciclo natural em que o otimismo inocente evolui para a ganância, que se transforma em negação, depois em confusão e, por fim, em medo. Muitas vezes, esse ciclo o leva ao mesmo ponto de onde você partiu, com a lição que parece ter sido aprendida no momento de medo preparando seu próximo encontro, com a ganância.

Para entender quanto esses dois sentimentos podem ser poderosos e perigosos, é necessário, antes de tudo, analisar o ciclo que dá origem a eles.

Vejamos como isso acontece.

Toda ganância começa com uma ideia inocente: a de que você merece estar certo.

As decisões que você tomou no passado. As decisões que tomará no futuro. A visão de mundo que tem hoje. É difícil acordar de manhã e se olhar no espelho sem dizer a si mesmo que tomou boas decisões no passado e que vai continuar a tomá-las no futuro. As pessoas não fariam nada se duvidassem de si mesmas o dia todo. Isso é especialmente válido se você já teve sucesso na educação e no trabalho.

E você *merece* estar certo porque se esforçou muito para desenvolver seus pontos de vista e tomar suas decisões.

Talvez você tenha frequentado a escola durante anos. Passado em testes difíceis. Lidado com o bullying. Pensado muito e trabalhado por muitas horas. Ninguém quer ouvir que fez todo esse esforço e, ainda assim, não merece estar certo.

E merecer estar certo significa que você deve ser recompensado por estar certo. Esforço é sinônimo de recompensa. É assim que o mundo funciona, não é?

Se você estiver certo, vai tomar boas decisões, e essas decisões serão recompensadas por seus colegas com admiração, por seus chefes com aumentos de salário e por seu corpo com saúde.

É um pensamento muito, muito atraente.

É difícil atravessar dia após dia admitindo que você não sabe como o mundo funciona. Então, quase ninguém faz isso. Dizemos a nós mesmos que nossas crenças estão certas e que as opiniões certas serão recompensadas.

A convicção de que aquilo em que você acredita é o certo e de que você merece estar certo porque se esforçou muito para formar essas crenças, e de que as crenças certas serão recompensadas pelo mundo são ideias bastante comuns e inocentes.

E é aí que as coisas começam a ficar complicadas.

Quando você é recompensado por estar certo, abre-se em sua cabeça uma porta que convida a ilusão a entrar.

Ser reconhecido é bom. Receber atenção é bom. Ser recompensado é bom. Tudo isso vicia. E nos leva de volta à primeira ideia inocente: as pessoas querem sentir que estão certas, que estão se saindo bem e que merecem alguma coisa por seus esforços.

Em um mundo racional, tentaríamos calcular quanto do que fizemos influenciou a recompensa que recebemos. Reconheceríamos que, se fizemos *isso* e aconteceu *aquilo*, há um milhão de outras variáveis sobre as quais não temos controle que também poderiam ter influenciado *aquilo*.

Mas essa não é uma forma natural de pensar.

A suposição padrão quando você é recompensado por fazer algo é que o fato de você ter feito *isso* fez com que *aquilo* acontecesse. Se você estiver procurando uma resposta para o motivo pelo qual *aquilo* aconteceu, esse é o caminho de menor resistência.

Porque, afinal de contas, suas opiniões estão certas e merecem ser recompensadas. Portanto, é claro que a recompensa se deve ao que você fez.

Os outros acreditam nisso tanto quanto você.

As pessoas veem você recebendo uma recompensa — porque imaginam como se sentiriam se recebessem uma recompensa — e ficam entusiasmadas com sua conquista. Elogio. Atenção. Admiração. E, sim, ciúme e inveja. Tudo isso faz bem e reforça a ideia de que você foi recompensado porque suas opiniões e ações estavam certas.

E você quer mais disso.

O sucesso torna mais fácil dizer: "Eu estava certo antes, então agora vou dobrar a aposta".

Não é loucura pensar isso. É parte de uma análise razoável; você sondou o terreno e provou que estava certo, portanto, agora vai mergulhar de cabeça. E é, em parte, uma comparação social; o entusiasmo que você sentiu por estar um pouco certo passou. Agora você quer estar ainda mais certo.

Esta é uma parte importante da ganância: as pessoas justificam suas ações mesmo quando, em retrospecto, essas ações foram claramente radicais ou insanas. É diferente de saber que suas ações são imprudentes e nocivas, mas fazê-las mesmo assim. Isso é psicopatia. A forma comum da ganância inocente é extrapolar, com entusiasmo, o que deu certo no passado.

Ela tenta você a fazer o mesmo que foi feito antes, mas com o dobro de apetite.

Talvez você tenha o mesmo emprego, mas exija um salário maior. Você tenha os mesmos investimentos, mas agora com alavancagem. Ou recebeu alguma atenção pelo carro novo e, ansioso por mais, agora quer um relógio novo, roupas novas, joias e uma casa.

Isso pode ser bom se as suas ações influenciaram diretamente os resultados. Se ter feito *isso* causou *aquilo*.

Mas, se suas ações anteriores não forem sustentáveis ou se você subestimar quanto dos seus resultados anteriores foram causados por ações que não estavam sob seu controle, então dobrar a aposta no que funcionou antes aumenta as chances de que fazer mais não acabe bem.

Ganância é o que acontece quando você dobra a aposta nas ações que funcionaram em algum momento, mas que não são sustentáveis, ou quando superestima a influência de suas ações nos resultados.

Talvez você subestime o quanto do seu sucesso no passado foi sorte, acaso ou estar no lugar certo na hora certa.

Talvez as pessoas que no passado o recompensaram com atenção não estejam mais por perto.

Talvez as pessoas que ficaram entusiasmadas com seu sucesso no passado estejam fartas de ouvir falar de você.

Talvez o seu chefe, que estava feliz em recompensá-lo por suas contribuições anteriores, esteja cansado de ver você exigir mais um aumento.

As pessoas que antes lhe davam atenção agora riem de você. Seja qual for a causa, às vezes o mundo vê suas ações como uma provocação, e a realidade aparece para lembrá-lo de que as coisas são mais complicadas do que você supunha.

O que funcionou no passado de repente não funciona mais. No entanto, como toda a sua estratégia tem sido acreditar que você está certo, que merece ser recompensado por estar certo e dobrar a aposta no que costumava funcionar, agora está em apuros.

O pico da ganância é a expectativa de receber mais do que você merece, levando em conta o que você investiu. Isso é justamente o que acontece com quem superestima sua capacidade de fazer coisas que levarão diretamente a recompensas.

Você ainda não sabe, mas as sementes do medo já foram plantadas.

A primeira reação ao tiro pela culatra da ganância é encará-la como uma oportunidade, principalmente quando você está cego para a realidade de suas habilidades e contribuições.

Quando a estratégia que costumava recompensá-lo deixa de funcionar, você se afasta daqueles que o contrariam e talvez dobre a aposta de novo.

Se um novato sem nenhum histórico de sucesso tiver uma perda ou um fracasso, é provável que ele entenda isso como um sinal de que não tem habilidade e de que não tem ideia do que está fazendo.

Mas, se você erroneamente acha que suas habilidades foram confirmadas a ponto de se tornar ganancioso, a experiência de uma perda costuma ser interpretada como o mundo lhe dando uma nova oportunidade.

“A empresa negou meu aumento, então, agora posso encontrar um novo emprego em um lugar que me valorize.”

“Meus amigos não gostam das minhas extravagâncias, então, vou procurar novas pessoas que gostem.”

“Você não me elogia mais pelo meu carro, talvez eu precise de um carro novo e melhor.”

Raramente se vê essa mentalidade em alguém que não tenha tido sucesso no passado. Ela só vem de alguém que está convencido de que suas ações passadas foram a causa de seus resultados passados.

A reação dessas pessoas é geralmente dobrar a aposta mais uma vez, com ainda mais confiança.

Quando você superestima o quanto suas ações influenciam seus resultados, deixa de perceber o feedback importante que o mundo está tentando lhe dar, sendo insistente em vez de repensar sua abordagem. Você segue em frente, o que parece ser uma característica admirável. Talvez se esforce mais nessa estratégia, convencido de que ela trará recompensas ainda maiores quando ficar comprovado que estava certo.

Você acha que está sendo determinado, mas, na verdade, está sendo teimoso.

O budismo tem um conceito chamado "mente de principiante", que é uma abertura ativa para experimentar coisas novas e estudar novas ideias, sem ser sobrecarregado por concepções do passado, como um principiante faria. Presumir que você tem habilidade pode ser o inimigo da mente de principiante, porque o sucesso anterior reduz o incentivo para explorar outras ideias, especialmente quando essas ideias entram em conflito com sua estratégia comprovada. Isso é perigoso. Ficar preso a uma visão única é fatal em uma economia em que a reversão à média e a concorrência desmantelam constantemente as velhas estratégias.

Quando você abre mão de ter uma mente flexível, torna-se imune ao feedback. Portanto, fica menos preparado do que um principiante ou mesmo do que alguém que experimenta estratégias aleatórias no escuro.

Suas chances de fracasso contínuo aumentam.

Após sucessivos fracassos, você começa a se ver como vítima.

Você ainda não admitiu, nem mesmo para si mesmo, a possibilidade de que talvez nunca tenha sido tão habilidoso quanto imaginava.

Você vê o mundo agindo contra você.

Culpa seus amigos.

Culpa seu chefe.

Culpa a imprensa.

Culpa os políticos.

Fica com raiva dos outros.

Faz de tudo, menos se olhar no espelho.

Nesse ponto, a ganância está morta, mas a negação em relação ao papel das suas contribuições e habilidades está no auge.

Você tenta reduzir o risco sem abandonar o barco. Desacelera um pouco suas ações e pode até pedir desculpas àqueles que ofendeu.

Você não perdeu a esperança. Mas admite que precisa de uma mudança e está confiante de que pode voltar ao caminho certo.

Nesse ponto, você admitiu para si mesmo que se excedeu. Mas ainda não admitiu que estava errado. O problema, na sua cabeça, é ter exagerado em uma coisa boa. Mas essa coisa ainda parece boa. Ainda está certa. Ainda merece ser recompensada.

Portanto, você segue em frente, com um pouco menos de entusiasmo do que antes.

Só é possível sustentar a ilusão por um certo tempo. Por fim, você começa a desistir.

Às vezes, isso leva dias. Às vezes, anos. Mas acontece.

E é aí que você começa a se perguntar se não deixou passar alguma coisa ao longo do caminho.

Você ainda não percebeu que estava errado. Admitir que estava errado é *doloroso.* Mas talvez você perceba que a sua percepção estava incompleta.

É nesse momento que as pessoas começam a dizer coisas como "Aprendemos muito no último ano" e "Foi uma experiência de crescimento".

Às vezes, essas declarações são sinceras e estão corretas. Mas, geralmente, são apenas uma forma concisa de sinalizar aos outros que você não perdeu completamente o contato com a realidade. No fundo, seus pontos de vista fundamentais e sua fé em suas habilidades ainda estão praticamente intactos.

Chega um ponto em que é óbvio, até mesmo para você, que está errado. Em particular, para si mesmo, você se pergunta se não estava errado. De vez em quando, admite para os outros que, sim, estava.

Para lidar com a dor, é comum usar a negação. Quando os amigos lhe perguntam como estão as coisas, você muda de assunto, quase a ponto de negar que esteve envolvido com aquilo em que tanto se empenhou. "Nunca foi tão importante para mim" ou "Sempre foi uma parte pequena das coisas de que gosto".

A realidade se impõe quando seus erros forçam mudanças no seu estilo de vida. Quando você é forçado a vender sua casa ou seu carro, cancelar férias ou mudar-se para um escritório menor, as consequências do seu erro são inegáveis para qualquer observador.

Agora, você está envergonhado.

E, quando se sente envergonhado, sua capacidade de analisar um problema com uma mente fria e racional fica tão embaçada quanto quando no auge da ganância.

Uma pequena dúvida quanto a estar errado ou não se transforma em pânico.

Você evita as pessoas com quem normalmente falaria sobre suas habilidades, o que compromete ainda mais o recebimento de feedback e de contexto sobre sua situação. Agora, você está preso em sua própria mente, no que se torna um ciclo de medo e dúvida.

Sua mentalidade muda de crescimento para redução de danos. Você deixa de pensar em oportunidades e ganhos. Sua definição de sucesso passa a ser parar de ficar para trás.

Qualquer coisa que evite mais perdas no momento parece um ganho atraente.

Então, você vende o que lhe resta. Abandona sua carreira. Vende seu carro. Larga seu emprego. A sensação é de capitular.

Quando você era ganancioso, acreditava que 100% do que fazia influenciava os ganhos que recebia. Agora, acha que não há nada que possa fazer que esteja sob seu controle e lhe traga algum benefício.

O complicado aqui é que você está tão equivocado agora quanto estava antes. E está igualmente cego para essa realidade.

Você começa a olhar em volta, para todos os outros. As pessoas que antes desprezava agora estão muito melhor do que você. O que houve? Por que elas não estão sofrendo também? Será que sabem de alguma coisa que você não sabe?

É um novo medo com o qual se preocupar.

Quando era bem-sucedido, as pessoas observavam o que você estava fazendo e tentavam imitá-lo. Perguntavam-se o que você sabia que elas não sabiam. Não queriam perder as recompensas que você estava obtendo.

Agora o processo ocorre na direção oposta. Você começa a olhar para outras pessoas que se saíram melhor do que você e se pergunta o que elas sabem que você não sabe.

No entanto, como você está dominado pelo medo, não está em busca de oportunidades positivas. Você se pergunta quais outras armadilhas existem pelo caminho que as pessoas mais inteligentes evitaram, mas que talvez você ainda não tenha percebido.

O medo provoca o máximo dano quando o maior deles é imaginar o que mais você precisa temer.

Você se torna tão cego para as coisas positivas que podem acontecer quanto era para as coisas negativas quando era ganancioso.

A ironia é que o caos geralmente é o terreno mais fértil para a oportunidade e para a chance de tomar um rumo diferente. Mas a oportunidade é a última coisa em que você está pensando agora. Você está concentrado em não descer ainda mais.

Em algum momento, você encontra a estabilidade. As pessoas começam a lhe dar apoio. O medo dá lugar à aceitação. Você encontra um novo ritmo. Perdeu muito do que tinha, mas agora consegue pensar com mais clareza.

A primeira coisa que promete é nunca mais cometer o mesmo erro.

A dor que passou com o medo foi dez vezes mais difícil do que a alegria que obteve com a ganância. Se há um lado positivo nesse desastre, é que você aprendeu a lição e pode evitar os mesmos erros no futuro.

Agora você tem uma nova visão de mundo. Uma nova estratégia sobre como operar nos mercados, nos negócios e na vida, moldada pelos erros que cometeu quando caiu na armadilha da ganância e do medo. Agora você sabe como agir quando a oportunidade se apresenta.

Você se sente confiante com essa nova visão. Merece ser mais inteligente agora. Passar por algo tão difícil como você passou e não sair mais inteligente parece injusto. Você estava errado antes, mas agora está certo. Ninguém quer ouvir que passou por um processo doloroso e continua não merecendo estar certo.

E merecer estar certo significa que você deve ser recompensado por isso. Esforço é sinônimo de recompensa. É assim que o mundo funciona, não é?

É difícil acordar de manhã e olhar no espelho sem dizer a si mesmo que você é capaz de tomar boas decisões.

Não é uma visão inocente?

A de que você merece estar certo?

E então voltamos ao ponto de partida.

Como ser infeliz gastando seu dinheiro

Um breve guia para decisões ruins.

UM FATO IMPORTANTE da vida é que muitas vezes é difícil saber o que o deixará feliz, mas é muito fácil identificar o que o deixará infeliz.

Ao se deparar com um problema difícil — e como gastar dinheiro de forma a melhorar sua vida certamente é um deles —, pode ser útil trabalhar de trás para a frente, reduzindo e excluindo o que não funciona até que o que resta seja uma aproximação decente de características positivas. A evolução funciona de maneira semelhante, destruindo tão exaustivamente o que não funciona que o que sobra tende a funcionar muito bem. Ou pense na saúde: quais alimentos são bons para você é um debate interminável, e ninguém que seja honesto com as evidências pode dizer que conhece a dieta perfeita. Mas o que é *ruim* está muito mais bem estabelecido. Não tenho ideia de se uma taça de vinho tinto faz bem para mim. Tenho 100% de certeza de que o cigarro não faz.

Uma vez, um menino perguntou a Charlie Munger: "Que conselho você tem para alguém como eu ter sucesso na vida?". Munger respondeu: "Não use cocaína. Não avance o cruzamento. E evite situações de risco de aids".[1] Para ter sucesso, primeiro é preciso saber o que evitar.

Da mesma forma, não posso lhe dizer como gastar seu dinheiro, porque não sou você. E não posso lhe dizer o que o fará feliz, porque eu mesmo ainda estou tentando descobrir o que me faz feliz.

Cada um é diferente, e a vida é complexa. Mas o que leva a uma vida infeliz tende a ser universal e direto.

Portanto, deixe-me oferecer a você um breve guia sobre como ser infeliz com o seu dinheiro.

Volte seu olhar para o grupo socioeconômico logo acima de você, presumindo que dentro dele encontrará um nível de felicidade duradoura. Diga a si mesmo que ficará satisfeito quando ganhar um pouco mais, quando tiver uma casa um pouco mais bonita e puder gastar um pouco mais do que gasta agora. Ignore o fato de que o grupo em que está hoje era um sonho que você achava que lhe traria satisfação e felicidade.

Busque status em vez de independência. Considere que a felicidade depende de uma multidão de desconhecidos ficar impressionada com os bens materiais que você possui, em vez da magia oculta de ser dono do seu próprio tempo.

Permita que o dinheiro — o ganho, o gasto e o acúmulo — se torne uma parte essencial de sua identidade. Passe mais tempo pensando no dinheiro do que na vida que você construiu com ele.

Gaste tanto de sua renda que se torne completamente dependente das decisões de outras pessoas, como chefes e banqueiros, a maioria dos quais não está nem aí para você.

Fantasie que ter mais dinheiro é a solução para todos os seus problemas. Diga a si mesmo que acordaria todos os dias com um sorriso no rosto se tivesse apenas um pouco mais de dinheiro. Imagine que seria mais querido, mais admirado, teria mais amigos e relacionamentos mais saudáveis. Acredite que nenhum dos seus atuais medos, ansiedades, dúvidas e confusões existiria se você tivesse mais dinheiro do que tem hoje.

Presuma que o dinheiro não pode resolver nenhum de seus problemas e que é a raiz de todo mal e do ego. Isso pode ser tão perigoso quanto o ponto anterior. O dinheiro é uma ferramenta notável, capaz de oferecer independência e as alegrias que vêm de milhares de anos em que os seres humanos descobriram como tornar a vida mais confortável, divertida e interessante. Como é trágico viver em um mundo em que você acredita que os esforços acumulados dos 100 bilhões de pessoas que vieram antes de você não produziram nada digno do seu tempo e atenção.

Tenha uma ideologia de poupança tão rígida que nunca consiga se dar ao luxo de bancar uma vida boa. Aja como se o único propósito do dinheiro fosse se acumular em sua conta bancária e, que em vez de uma ferramenta para viver uma vida melhor, você basicamente desenvolveu um hobby de fazer contabilidade.

Ao fazer um balanço de sua vida, presuma que todo o seu sucesso se deve ao trabalho duro e todo o seu fracasso se deve ao azar. Ao julgar os outros, presuma que todo o fracasso deles se deve a decisões ruins e todo o sucesso se deve à sorte. Coloque o ego acima da empatia. Essa é a forma mais segura de se desligar da realidade do que você pode ou não controlar.

Compare seu interior com o exterior alheio, competindo com o sucesso de outras pessoas sem ter uma visão completa da vida delas. Presuma que os carros, as casas, as roupas, as joias e as contas nas redes sociais dos outros sejam um reflexo exato de quão felizes eles são. Diga a você mesmo que, por terem bens atraentes, eles também devem ter bons relacionamentos, boa saúde, clareza moral, inteligência emocional e satisfação geral com a vida.

Ignore os custos sociais e emocionais ocultos e as expectativas que resultam de determinadas compras. Ignore o que algumas compras farão com a impressão que as pessoas têm de você. Esqueça que você pode ter criado um patamar mais alto que precisará superar na próxima compra, o que é uma forma oculta de dívida.

Não tenha nenhuma noção de sua tendência ao arrependimento. Seja tão tomado pela bolha do momento ou tão fixado no longo prazo que um dia você olhe para trás e se pergunte no que é que estava pensando.

Associe o patrimônio líquido ao valor pessoal (para você e para os outros). Pense no dinheiro como o melhor sistema de pontuação para avaliar o desempenho das pessoas na vida — e, pior, presuma que sua manifestação material seja uma indicação precisa de quanto dinheiro as pessoas realmente têm.

Trate todas as decisões financeiras como decisões matemáticas, sem levar em conta emoções razoáveis, o valor sentimental e o desejo de alimentar sua alma. Tenha mais interesse em fazer as planilhas felizes do que em se fazer feliz.

Deixe-se levar pelos conselhos e pelo estilo de vida daqueles que precisam ou querem algo diferente de você. Queira o que a sociedade diz que você deve querer. Deseje o que os profissionais de marketing dizem que você deve desejar. Recorra aos outros, inclusive a desconhecidos, para obter respostas sobre o que é melhor para você. Não tenha nenhum apreço pelo vasto espectro de necessidades, desejos e vontades de cada um.

Ancore suas expectativas de estilo de vida nas pessoas mais bem-sucedidas que conhece, criando uma mentalidade em que até mesmo o sucesso excepcional em sua vida pareça pouco. Basicamente, um contrato consigo mesmo para não ser feliz.

Torne-se tão otimista que suas expectativas cresçam mais rápido que sua renda. Viva em um mundo em que as coisas melhoram, mas você não valoriza nada disso porque esperava tudo e muito mais.

Arrisque aquilo de que você precisa para ganhar aquilo de que não precisa. Arrisque o relacionamento com sua família e amigos pelo potencial de um aumento que terá pouco impacto em sua vida, ou arrisque a qualidade do seu sono à noite por um carro novo ao qual ninguém dará atenção.

Superestime a atenção que você recebe por ter coisas bonitas e presuma que a atenção que recebe é um reflexo da admiração das pessoas por você, e não da fantasia delas de ter o que você tem.

Presuma que tem todas as respostas certas. Não tente nada novo. Rejeite o mistério da vida e lute contra todas as suas tendências para crescer, se adaptar e mudar de ideia. Não tenha curiosidade por pontos de vista alternativos. Presuma que sabe tudo o que há para saber sobre dinheiro e discuta ferozmente quando descobrir informações que contrariem suas crenças atuais. Trate o dinheiro como você trataria a religião, com a devoção acima da curiosidade e a ortodoxia acima da exploração.

Você estará, eu garanto, no caminho da infelicidade. Agora, vou contar como tentei evitar isso.

Quanto mais sorte você tiver, mais gentil deve ser

Meu caminho simples para uma boa vida financeira.

KEVIN COSTNER, UM dos maiores e mais bem-sucedidos atores dos tempos modernos, contou uma história que me deixou boquiaberto.[1]

Costner tinha um amigo — ele não diz quem é, mas, quando juntamos os detalhes, é quase certo que se tratava do escritor Michael Blake — que, depois de anos escrevendo, não tinha obtido muito sucesso.

"Eu o recomendei para vários trabalhos", disse Costner. "Todas as informações que chegavam diziam que ele irritava todo mundo."

O amigo insistia para que Costner fizesse mais contatos. "Embora todo roteirista ache que a última coisa que escreveu é a melhor de todas, talvez não seja boa o suficiente", Costner lhe disse sem rodeios.

Um dia, o amigo ligou para Costner e pediu: "Ei, eu não tenho onde morar, posso ficar na sua casa?". Ele não tinha mais casa.

"Então ele ficou lá por alguns meses", conta Costner. Durante todo esse tempo, o amigo escrevia furiosamente. "Ele escrevia todas as noites. E me perguntava: 'Quer ler o que escrevi hoje?'. Eu dizia que não."

Era como se Costner visse o amigo como um gato de rua de quem se deve ter pena, e não como um colaborador que se deve admirar e com quem se deve aprender.

"Ele começou, todas as noites, a ler o livro para minha filha, que tinha 3 anos", contou Costner. "Por fim, minha esposa disse: 'Olha, ele precisa ir embora'. Eu falei para ele: 'É, você tem que ir'."

E o amigo foi. Ele acabou indo parar no Arizona, lavando pratos em um restaurante chinês.

Meses depois, ligou para Costner e perguntou: "Você leu o que escrevi?".

"Não", respondeu Costner.

Sentindo-se mal, Costner enviou ao amigo — ainda visivelmente sem teto — um saco de dormir.

Mais tarde, o amigo ligou e perguntou de novo: "Você leu o que escrevi?".

Irritado, Costner cedeu. "Finalmente, eu li", disse Costner. "Era *Dança com lobos*."

O filme se tornou um sucesso de bilheteria. A adaptação cinematográfica ganhou sete Oscars e catapultou a carreira de Costner para o superestrelato.

Nunca se sabe de onde a sorte pode vir.

Vou falar mais sobre isso já, já.

Minha mãe diz que comecei a contar moedinhas quando tinha 3 anos. Eu não queria contar mais nada. Só dinheiro.

Charlie Munger falou uma vez que, ao ensinar sobre dinheiro aos jovens, eles ou entendem instantaneamente ou nunca entendem. Não acho que seja tão preto no branco assim. Mas, quando penso em minha própria vida, tenho dúvidas. Desde que recebi meu primeiro salário, quando era adolescente, economizei e investi um percentual de dois dígitos de cada quantia que ganhei.

Sempre me pareceu a coisa certa — acho que ninguém me ensinou e nunca foi um desafio. Simplesmente parecia óbvio.

Minha esposa e eu não gastamos muito, porque não desejamos muito. Temos uma vida muito boa, mas a maioria das coisas que valorizamos e que gostamos de fazer não custa caro — caminhadas, jardinagem, leitura, escrita, levar nosso cachorro para passear, tempo de qualidade com nossos filhos, esse tipo de coisa. Nossos rendimentos mudaram drasticamente ao longo dos anos, mas as coisas de que gostamos não.

Nós nos amaríamos da mesma forma se fôssemos pobres — e de fato foi assim —, mas usamos o dinheiro que economizamos ao longo dos anos para nos tornarmos independentes, e não tenho palavras para descrever como isso tem sido gratificante. Para ser mais específico: minha esposa decidiu parar de trabalhar fora depois de ser mãe, e eu escolho o trabalho que me parece interessante e rejeito o resto, valorizando sempre independência em vez do dinheiro. Ambas as decisões têm um componente financeiro, mas nenhuma delas me fez sentir que estou rejeitando dinheiro, e sim comprando tempo.

Meu único objetivo financeiro é ir para a cama todas as noites com uma sensação de tranquilidade, sabendo que minha família está bem e que posso passar o dia seguinte fazendo o que quiser, quando quiser, com quem quiser, pelo tempo que quiser. Vencer o mercado de ações não me atrai. Impressionar meus vizinhos nunca passou pela minha cabeça. Esses são objetivos de referência externa, em que a vitória é definida não pelo seu desempenho, mas apenas pelo fato de você estar se saindo melhor do que desconhecidos aleatórios. Isso sempre me pareceu um jogo sem sentido. A independência oferece o maior retorno que o dinheiro pode comprar, e não acho que exista nada perto disso.

Nossa vida financeira é muito simples. Minha esposa e eu nos conhecemos na faculdade, juntamos nossas finanças logo depois (antes de nos casarmos) e na prática não falamos muito sobre dinheiro, porque não há muito o que discutir. Não há orçamentos, planilhas detalhadas, estratégias elaboradas nem metas arbitrárias. Todo o nosso patrimônio líquido é composto de uma casa, dinheiro, fundos de índice e ações do Markel Group, de cujo conselho de administração faço parte. Não temos nenhuma dívida. Compramos praticamente tudo o que queremos, mas, como não queremos muita coisa, isso nunca foi um problema. Era assim quando não ganhávamos quase nada e tem sido assim durante nossos anos de maior rendimento. Também experimentamos tantas opções diferentes de gastos com estilo de vida ao longo dos anos que temos certeza de que não estamos nos privando de prazeres apenas para poupar mais.

Não foi perfeito. Fiz investimentos ruins, tomei decisões idiotas, e, como a maioria dos pais, minha esposa e eu nos questionamos se estávamos transmitindo os valores financeiros corretos aos nossos filhos. Ninguém é capaz de listar todas as maneiras diferentes que existem de viver e quão imperfeitas elas são, e dizer sinceramente que está fazendo tudo certo. Também mudei de opinião sobre muitas coisas ao longo dos anos. E a melhor lição de mudar de opinião é imaginar quais outras crenças você vai acabar por repensar também.

Quando você aceita como pode ser caótico lidar com dinheiro, passa a valorizar a mera simplicidade em vez do falso conforto da complexidade. Com o passar dos anos, criei algumas ideias simples que guiam minha forma de pensar sobre dinheiro em minha própria casa.

Gaste menos do que ganha.
Tire proveito dos juros compostos.
O dinheiro serve a você, e não o contrário.
Ninguém pensa em você tanto quanto você mesmo.
Independência é fortuna.
Saúde é fortuna.
Procure ser um bom ancestral.
Ame sua família.

É uma lista bem abrangente.

Agora, de volta a Kevin Costner.

Benjamin Franklin não disse que a honestidade é a melhor moral — ele disse que é a melhor política.[2] É o que vai ajudá-lo e colocá-lo na melhor posição, ganhando mais dinheiro, a longo prazo.

Existe um corolário relativo à gentileza.

Há duas razões para ser gentil com todo mundo. Uma é moral, outra é egoísta. Moralmente, você deve ser gentil por causa da empatia. Egoisticamente, deve sê-lo porque é fácil subestimar o número de pessoas com as quais você pode vir a contar para ajudá-lo, e só vai conseguir a cooperação delas se gostarem de você.

A história de Kevin Costner é um ótimo exemplo de como nunca sabemos de onde pode vir a ajuda na vida e de como alguém que não parece ser o retrato do sucesso pode, na verdade, ter a sabedoria que você procura.

O mundo é desigual — sempre foi e sempre será. As habilidades são desiguais, e isso é bom. Mas a associação automática entre riqueza e sabedoria se torna perigosa quando se imagina que ela é absoluta. Temos a sorte de viver em um mundo tão rico, com tantas oportunidades e tanta abundância material. Mas também ficou mais fácil do que nunca presumir, perigosamente, que só aqueles que se vestem de determinada maneira, vivem de determinada maneira ou ganham determinado valor merecem atenção.

Portanto, deixe-me propor uma última reflexão sobre dinheiro: quanto mais sorte você tiver, mais gentil deve ser.

Ter dinheiro pode aprimorar quem você é, mas também pode cegá-lo em relação aos outros.

Se você tiver a sorte de viver em uma região próspera, em uma época próspera, cercado pela capacidade de aprender sobre o mundo e expressar quem você é — um beneficiário dos esforços acumulados e da sabedoria de 100 bilhões de pessoas que vieram antes —, deve se esforçar ainda mais para valorizar aquilo que o dinheiro não pode comprar.

Perceba que ter dinheiro pode destacar ou amplificar uma vida incrível, mas não pode criá-la por si só.

Entenda que as pessoas que tomaram decisões diferentes das suas e tiveram um resultado diferente do seu podem ser tão inteligentes, engraçadas, perspicazes e dignas quanto você. Elas fazem o que faz sentido para elas e estão tentando encontrar seu caminho em um mundo complexo. Você faz o que faz sentido para você e está tentando encontrar seu caminho em um mundo complexo.

E, assim, terminamos exatamente onde começamos, com um lembrete de que todo comportamento faz sentido quando há informação suficiente e cada um de nós está em sua própria busca pela vida simples.

AGRADECIMENTOS

Como todo livro, *A arte de gastar dinheiro* não teria sido possível sem as inúmeras pessoas que me ajudaram ao longo do caminho. São muitas, então não dá para listar todas. Mas há algumas que me deram um apoio especial:

Gretchen, Miles e Reese, cujo amor e apoio são inabaláveis.

Brian Richards, que apostou em mim antes de qualquer um.

Craig Shapiro, que apostou em mim quando não precisava.

Jenna Abdou, que ajuda sem pedir nada em troca.

Noah Schwartzberg, Mollie Glick e Adrian Zackheim, que fizeram este livro acontecer.

Craig Pearce, que me incentiva, orienta e me dá chão.

Além do feedback e do incentivo constantes de Chris Hill, Doug Boneparth, Michael Antonelli, David Senra e muitos outros.

Obrigado.

NOTAS

Introdução: A busca pela vida simples

1. Robert Kurson, *Crashing Through: A True Story of Risk, Adventure, and the Man Who Dared to See* (Random House, 2007), 49.
2. Gretchen Rubin, "Carl Jung's Five Key Elements to Happiness", *Psychology Today*, 23 de fevereiro de 2012, psychologytoday.com/us/blog/the-happiness--project/201202/carl-jungs-five-key-elements-happiness.
3. Luke Burgis, *Wanting: The Power of Mimetic Desire in Everyday Life* (St. Martin's Press, 2021).
4. "Benjamin Franklin", *The Historian's Hut* (blog), 20 de julho de 2018, thehistorianshut.com/2018/07/20/benjamin-franklin-17.

Todo comportamento faz sentido quando há informação suficiente

1. *The Wilkes-Barre Record*, 28 de junho de 1928.
2. Frederick Lewis Allen, *Only Yesterday: An Informal History of the 1920s* (Harper & Brothers, 1931).
3. Charlotte Cowles, "How to Run a Multimillion-Dollar Business and Still Nap Every Day", *The Cut*, 1º de janeiro de 2024, thecut.com/article/how-tiffany--aliche-gets-it-done.html.
4. Billy Markus (@BillyM2k), "always remember that humans are not rational, we are rationalizing; thus all of us strongly believe all sorts of stuff that isn't true and that would be quite difficult to convince us otherwise no matter the facts and evidence", X, 13 de fevereiro de 2024, x.com/BillyM2k/status/1757537741473226925.
5. "Cartoon Science (How Emotions Are Made)", postado em 21 de fevereiro de 2017 por Lisa Feldman Barrett, YouTube, youtube.com/watch?v=K _rjOY0kdII.
6. Lisa Feldman Barrett, *How Emotions Are Made: The Secret Life of the Brain*, (Mariner Books, 2017).
7. Jonathan Haidt, *The Righteous Mind: Why Good People Are Divided by Politics and Religion* (Vintage, 2013), 18-19.
8. David McRaney, *How Minds Change: The Surprising Science of Belief, Opinion, and Persuasion* (Portfolio, 2022).

9. Rob Henderson, "'Luxury Beliefs' That Only the Privileged Can Afford", *Wall Street Journal*, 9 de fevereiro de 2024, wsj.com/us-news/education/luxury-beliefs--that-only-the-privileged-can-afford-7f6b8a16.
10. Tim Maurer, "Personal Finance Is More PERSONAL Than It Is FINANCE", *Financial Life Planning*, 16 de novembro de 2011, timmaurer.com/p/personal--finance-is-more-personal.
11. "George Carlin—Idiot and Maniac", youtube.com/watch?v=XWPCE2tTLZQ.

Atenção, por favor

1. Adam Smith, *The Theory of Moral Sentiments* (1759), cap. 2, disponível em knarf.english.upenn.edu/Smith/tms132.html.
2. Shannon Sharpe (@ShannonSharpe), "@ochocinco saved 83% of his salary by flying Spirit & wearing fake jewelry", X, 30 de janeiro de 2023, x.com/ShannonSharpe/status/1620223077702586370.
3. "Jeff Bezos: Old Honda?", postado em 1º de setembro de 2023 por Way, YouTube, youtube.com/watch?v=tc0a28KrWKo.
4. Sarah Jackson, "Jeff Bezos' Yacht Reportedly Cost $500 Million and Is the Largest Sailing Yacht in the World. Here's What We Know", *Business Insider*, 14 de novembro de 2023, businessinsider.com/jeff-bezos-yacht.
5. John Brownlee, "Steve Jobs's Quest for Perfection Could Make Even Buying a Sofa into a Decade-Long Ordeal", *Cult of Mac*, 25 de outubro de 2011, cultofmac.com/125861/steve-jobss-quest-for-perfection-could-make-even-buying-a-sofa--into-a-decade-long-ordeal.
6. Jennifer Breheny Wallace, *Never Enough: When Achievement Culture Becomes Toxic — and What We Can Do About It* (Portfolio, 2023), 121.
7. Jan-Willem van der Rijt, "The Vice of Admiration", *Philosophy* 93, n. 1 (2018): 69-90, doi.org/10.1017/S0031819117000353.
8. Alice Schroeder, *The Snowball: Warren Buffett and the Business of Life* (Bantam, 2008).

As pessoas mais felizes que eu conheço

1. Nina Norman, "Summary: How Proust Can Change Your Life: Valuable Insights Into Living Your Best Life by Alain de Botton", *Paiminy*, 10 de dezembro de 2023, paminy.com/book-summary-how-proust-change-your-life-valuable--insights-living-best-life.
2. Oxford Reference, oxfordreference.com/display/10.1093/acref/9780191826719.001.0001/q-oro-ed4-00007730.
3. x.com/PeterMallouk.
4. "The Purpose of Life Nixon", postado em 9 de julho de 2011 por JM, YouTube, youtube.com/watch ?v=Pc3IfB23W4c.

Tudo aquilo que não vemos

1. Amber Paranick, "Deaths of John Adams and Thomas Jefferson on July 4th", *Headlines & Heroes* (blog da Biblioteca do Congresso Norte-Americano), 6 de julho de 2022, blogs.loc.gov/headlinesandheroes/2022/07/deaths-of-john-adams--and-thomas-jefferson-on-july-4th.
2. *The Solitary Billionaire: J. Paul Getty*, entrevista a Alan Whicker, exibida em 24 de fevereiro de 1963 pela BBC, bbc.co.uk/programmes/p00nw1t5.
3. Patrick O'Shaughnessy (@patrick_oshag), "Rick Rubin sums up why I believe in the idea of 'growth without goals.' 'It's hard to get really depressed until your dreams come true. Once your dreams come true and you realize you feel the same way you did before then you get a feeling of hopelessness [...]'", X, 13 de agosto de 2023, x.com/patrick_oshag/status/1690759146792972288.
4. Jay Shetty (@jayshettypodcast), "@rickrubin gets deep during our time on the podcast 🙏 If you haven't listened yet you can now on all audio platforms or you can watch on YouTube 🖥️", Instagram, 29 de setembro de 2023, instagram.com/reel/CxxhghROPxF.
5. Jessica Roy, "Here Are the 50 States Ranked by How Happy Their Residents Are", *Time*, 24 de fevereiro de 2014, time.com/9465/here-are-the-50-states--ranked-by-how-happy-their-residents-are.
6. Daniel Kahneman, "Focusing Illusion", s/d, resposta à pergunta anual "2011: What Scientific Concept Would Improve Everybody's Cognitive Toolkit?", *Edge*, edge.org/response-detail/11984.
7. Daniel Kahneman, *Thinking, Fast and Slow* (Farrar, Straus and Giroux, 2011).
8. Michele W. Berger, "Does More Money Correlate with Greater Happiness?", *Penn Today*, 6 de março de 2023, penntoday.upenn.edu/news/does-more-money--correlate-greater-happiness-Penn-Princeton-research.
9. Ben Cohen, "Taylor Swift Is Still Intimidated by the Fear of Being Average", *Wall Street Journal*, 21 de dezembro de 2023, wsj.com/arts-culture/music/taylor--swift-eras-tour-success-a2358af7.
10. Jimmy Carr (@jimmycarr), X, 29 de maio de 2024, x.com/jimmycarr/status/1796572824393703882.
11. Marc Randolph (@mbrandolph), "I'm Marc Randolph, cofounder of Netflix & 6 other companies. This is my definition of success", X, 28 de maio de 2024, x.com/mbrandolph/status/17954688852 45976631.

O ativo mais valioso é não precisar impressionar ninguém

1. Nicholas Tomalin and Ron Hall, *The Strange Last Voyage of Donald Crowhurst* (1970; reimpr., International Marine/Ragged Mountain Press, 2003).
2. Alice Schroeder, *The Snowball: Warren Buffett and the Business of Life* (Bantam, 2008).

O que faz você feliz

1. Robert Kurson, *Crashing Through: A True Story of Risk, Adventure, and the Man Who Dared to See* (Random House, 2007), 132.
2. *William Dawson, The Quest of the Simple Life* (E. P. Dutton and Co., 1907).
3. Arnold Schwarzenegger (@Schwarzenegger), "I heard that the way you go viral on this site is by making a big list of things you have to do. Let me try. You should mostly eat food you know is healthy, there is no magic food. You should also occasionally let yourself eat delicious food you know isn't healthy", X, 18 de dezembro de 2023, x.com/Schwarzenegger/status/1736816475426664558.
4. Morgan Housel, "What We Said When the World Changed", *Collaborative Fund*, 5 de abril de 2017, collabfund.com/blog/what-we-said-when-the-world-changed.

Riqueza e fortuna

1. John Updike, "Poor Little Rich Boy", *The Guardian*, 20 de junho de 2003, theguardian.com/books/2003/jun/21/featuresreviews.guardianreview34.
2. Arthur T. Vanderbilt II, *Fortune's Children: The Fall of the House of Vanderbilt* (William Morrow, 1989), 415.
3. David Senra (@FoundersPodcast), "When Cornelius Vanderbilt died he had more money than the U.S. Treasury This story is wild! New episode available now!", X, 11 de março de 2024, twitter.com/founderspodcast/status/1767302892132962454?s=43.
4. Vanderbilt, *Fortune's Children.*
5. Vanderbilt, *Fortune's Children*, 343.
6. Vanderbilt, *Fortune's Children*, 343.
7. Rebecca Fowler, "'Inherited Wealth Is a Real Handicap to Happiness. It Is as Certain a Death to Ambition as Cocaine Is to Morality'—William K Vanderbilt", *Independent*, 11 de julho de 1996, independent.co.uk/news/inherited-wealth-is-a-real-handicap-to-happiness-it-is-as-certain-a-death-to-ambition-as-cocaine-is-to-morality-william-k-vanderbilt-1328294.html.
8. *The Queen of Versailles*, direção de Lauren Greenfield (Evergreen Pictures, 2012). "Queen of Versailles" (trecho extraído de *The Queen of Versailles*), subsaga.com, s/d, subsaga.com/bbc/documentaries/factual/storyville/2012-2013/14-queen-of-versailles.html.
9. Harvey S. Firestone, *Men and Rubber: The Story of Business* (1926; reimpr., Latticework, 2023), 26.
10. Emily Burack, "Anderson Cooper Wants to Teach His Sons the Value of Earning a Living", *Town & Country*, 13 de setembro de 2023, townandcountrymag.com/society/money-and-power/a45124305/anderson-cooper-sons-inheritance.
11. Brian Murphy, "Charles Feeney, Philanthropist Who Gave Away His Billions, Dies at 92", *Washington Post*, 10 de outubro de 2023, washingtonpost.com/obituaries/2023/10/10/chuck-feeney-philanthropist-duty-free-dies.
12. "An Entrepreneur, Always", *The Atlantic Philanthropies*, s/d, atlanticphilanthropies.org/chuck-feeneys-story/chapter-1.

13. David Perell (@david_perell), "The people I admire most have a way of escaping the bubble of culture. Sometimes via religion; sometimes via old books; sometimes via time in nature. Without such an escape, propaganda wins. You stop thinking for yourself. Modern delusions grow into an all-consuming mind virus." X, 25 de novembro de 2023, twitter.com/david_perell/status/1728627591651975341.
14. "Kahneman Resolves Conflict on IncomeWellbeing Study, Finds Point at Which Unhappiness Stops Decreasing for Unhappy People", Kahneman-Treisman Center for Behavioral Science & Public Policy, Princeton University, release de imprensa, 8 de março de 2023, behavioralpolicy.princeton.edu/news/DK_wellbeing0323.
15. Marcel Schwantes, "Warren Buffett Says Your Greatest Measure of Success at the End of Your Life Comes Down to 1 Word", *Inc.*, 13 de setembro de 2018, inc.com/marcel-schwantes/warren-buffett-says-it-doesnt-matter-how-rich-you-are-without-this-1-thing-your-life-is-a-disaster.html.

Utilidade *versus* status

1. "Sour Grapes | The World's Most Notorious Wine Forger | True Crime | FULL ENGLISH DOCUMENTARY", postado em 19 de maio de 2022 por Gravitas Documentaries, YouTube, youtube.com/watch?v=5LGibBYuj5U.
2. Amy X. Wang, "Inside the Delirious Rise of 'Superfake' Handbags", *New York Times*, 4 de maio de 2023, atualizado em 28 de junho de 2023, nytimes.com/2023/05/04/magazine/celine-chanel-gucci-superfake-handbags.html.
3. David Brooks, "The Haimish Line", *New York Times*, 29 de agosto de 2011, nytimes.com/2011/08/30/opinion/brooks-the-haimish-line.html.

Risco e arrependimento

1. Andrea Mandell, "Katie Cassidy Shares Father David Cassidy's Last Words: 'So Much Wasted Time'", *USA Today*, 24 de novembro de 2017, usatoday.com/story/life/people/2017/11/24/katie-cassidy-shares-father-david-cassidys-last-words-so-much-wasted-time/893367001.
2. J. Nielsen *et al.*, "Eye Lens Radiocarbon Reveals Centuries of Longevity in Greenland Shark (*Somniosus microcephalus*)", *Science* 353, n. 6300 (2016): 702-704.
3. Bill Perkins, *Die with Zero: Getting All You Can from Your Money and Your Life* (Mariner Books, 2020), capa.
4. Nick Maggiulli (@dollarsanddata), X, 3 de abril de 2024, x.com/dollarsanddata/status/17755016774 38677460.
5. Felicitie C. Bell and Michael L. Miller, "Life Tables for the United States Social Security Area 1900–2100", *SSA Pub.* n. 11-11536 (Social Security Administration, agosto de 2005), ssa.gov/oact/NOTES/pdf_studies/study120.pdf.
6. "Jeff Bezos — Regret Minimization Framework", YouTube, 20 de dezembro de 2008, youtube.com/watch?v=jwG_qR6XmDQ.

Olha só para eles

1. Michael Collins, *Carrying the Fire: An Astronaut's Journeys* (1974; edição de 50º aniversário, Farrar, Straus and Giroux, 2019), Kindle.
2. Patrick O'Shaughnessy, apresentador, *Invest Like the Best*, podcast, episódio 337, "Building Thrive Capital", 18 de julho de 2023, joincolossus.com/episodes/60539836/kushner-building-thrive-capital?tab=transcript.
3. Lawrence Yeo, "The Antidote to Envy", *More to That* (blog), s/d, moretothat.com/the-antidote-to-envy.
4. Sumit Agarwal, Vyacheslav Mikhed, and Barry Scholnick, "Peers' Income and Financial Distress: Evidence from Lottery Winners and Neighboring Bankruptcies", *Review of Financial Studies* 33, n. 1 (janeiro de 2020): 433–472, academic.oup.com/rfs/article-abstract/33/1/433/5488177.
5. Charlie Munger, citado em Morgan Housel, "FOMO the Worst Financial Trait", Collaborative Fund, 19 de janeiro de 2023, collabfund.com/blog/fomo-the-worst-financial-trait.
6. Jennifer Breheny Wallace, *Never Enough: When Achievement Culture Becomes Toxic — and What We Can Do About It* (Portfolio, 2023), Kindle.

Riqueza sem independência é uma forma particular de pobreza

1. Celtics Wire, "How Antoine Walker Lost $108,000,000, but Found His Way Again", *Yahoo Sports*, 15 de julho de 2023, sports.yahoo.com/antoine-walker-lost-108-000-090045760.html.
2. Bloomberg, "Basketball Star Who Went Bankrupt Wishes He'd Gotten an MBA", *InvestmentNews*, 19 de novembro de 2014, investmentnews.com/industry-news/archive/basketball-star-who-went-bankrupt-wishes-hed-gotten-an-mba-59681.
3. Lester Munson, "Antoine Walker Wants Your 'Writ of Pity'", *ESPN.com*, 3 de junho de 2010, espn.com/espn/commentary/news/story?page=munson/100603.
4. "Interview with Former Pro Football Player and Math PhD Candidate John Urschel", *MIT Faculty Newsletter* 30, n. 2 (novembro/dezembro de 2017), web.mit.edu/fnl/volume/302/urschel.html.
5. Nassim Taleb, *Skin in the Game: Hidden Asymmetries in Daily Life* (Random House, 2018).
6. Benjamin Stupples, "Margin Calls, Lawsuits Squeeze Wealth of Leveraged Executives", *Bloomberg*, 26 de fevereiro de 2024, bloomberg.com/news/articles/2024-02-26/margin-calls-lawsuits-squeeze-wealth-of-leveraged-executives.

Dívida social

1. Frank Lucas, *Original Gangster* (Ebury, 2010), 243.
2. Elisabeth Ginsburg, "Lottery Winners Years Later", *New York Times*, 31 de janeiro de 1993, nytimes.com/1993/01/31/nyregion/lottery-winners-years-later.html.
3. M. G. Bianco, *Letters to My Sons: A Humane Vision for Human Relationships* (CreateSpace, 2014).

Identidade

1. Tim O'Reilly, citado em Cheng-Wei Hu, *Weekly I/O* n. 77, chengweihu.com/io/money-is-gasoline.
2. Harvey S. Firestone, *Men and Rubber: The Story of Business* (1926; reimpr., Latticework, 2023), 128.
3. Paul Graham, "Keep Your Identity Small", fevereiro de 2009, *Paul Graham* (blog), paulgraham.com/identity.html.
4. Sonia Fernandez, "New Research Shows Genetic Mutation Known for Alzheimer's Disease Is Associated with Higher Fertility in Women", *The Current* (UC Santa Barbara), 10 de agosto de 2023, news.ucsb.edu/2023/021170/new-research-shows-genetic-mutation-known-alzheimers-disease-associated-higher.
5. CNBC, "Full Transcript from CNBC's 'Charlie Munger: A Life of Wit and Wisdom,'" *CNBC.com*, 30 de novembro de 2023, cnbc.com/amp/2023/11/30/full-transcript-from-cnbcs-charlie-munger-a-life-of-wit-and-wisdom.html.
6. Dee Hock, citado em Morgan Housel, "Mental Liquidity", *Collaborative Fund*, 29 de março de 2023, collabfund.com/blog/mental-liquidity.

Experimente algo novo

1. Safi Bahcall, *Loonshots: How to Nurture the Crazy Ideas That Win Wars, Cure Diseases, and Transform Industries* (St. Martin's, 2019).
2. John M. Barry, *The Great Influenza: The Epic Story of the Deadliest Plague in History* (Viking, 2004).
3. David Montgomery, "54% of Americans Read a Book This Year", 21 de dezembro de 2023, YouGov, today.yougov.com/entertainment/articles/48239-54-percent-of-americans-read-a-book-this-year.
4. Anthony De Mello, *The Way to Love* (Doubleday, 1992).

Dinheiro e filhos

1. Segundo contado por Chris Davis.
2. Faith Hill, "The New Age of Endless Parenting", *Atlantic*, 9 de julho de 2024, theatlantic.com/family/archive/2024/07/modern-parenting-grown-children/678942.
3. Alice Schroeder, *The Snowball: Warren Buffett and the Business of Life* (Bantam, 2008).
4. Arthur T. Vanderbilt II, *Fortune's Children: The Fall of the House of Vanderbilt* (William Morrow, 1989), 26.
5. Jennifer Breheny Wallace, *Never Enough: When Achievement Culture Becomes Toxic* (Portfolio, 2023).
6. Rob Henderson, *Troubled: A Memoir of Foster Care, Family, and Social Class* (Gallery Books, 2024).
7. Alan Cooperman, "Most U.S. Parents Pass Along Their Religion and Politics to Their Children", *Pew Research Center*, 10 de maio de 2023, pewresearch.org/short-reads/2023/05/10/most-us-parents-pass-along-their-religion-and-politics-to-their-children.

Planilhas não ligam para os seus sentimentos

1. Jason Zweig, "The Real Value of a Home", *Jason Zweig* (blog), 30 de novembro de 2015, jasonzweig.com/the-real-value-of-a-home.
2. *Jazz*, direção de Ken Burns (PBS, 2001).

As pequenas coisas

1. Rory Sutherland, *Alchemy: The Dark Art and Curious Science of Creating Magic in Brands, Business, and Life* (Mariner Books, 2019).
2. Jamie Catherwood (@InvestorAmnesia), "Calvin Coolidge took the meaning of 'frugal' to another level [¼] The juxtaposition of Coolidge'scost-cutting measures with today's federal spending is pretty insane. Taken from the @FinanceMuseum Summer issue". X, 21 de novembro de 2023, twitter.com/InvestorAmnesia/status/1727001307100406152.
3. Ron Chernow, *Titan: The Life of John D. Rockefeller, Sr.* (Vintage, 2004).
4. Alice Schroeder, *The Snowball: Warren Buffett and the Business of Life* (Bantam, 2008).
5. *Barron's*, "The $1000 Hot Dog", postado por Davis Funds, s/d, davisfunds.com/insights/video/hotdog-video-barron.

O ciclo de vida da ganância e do medo

1. *New York: A Documentary Film*, direção de Ric Burns (PBS, 1999-2003).

Como ser infeliz gastando seu dinheiro

1. Charlie Munger, citado em Morgan Housel, "Charlie Munger's Humorous Advice", *The Motley Fool*, 5 de abril de 2017, fool.com/investing/general/2008/02/22/charlie-mungers-humorous-advice.aspx.

Quanto mais sorte você tiver, mais gentil deve ser

1. Tae Kim (@firstadopter), "This is a good story", *Threads*, 15 de julho de 2023, threads.net/@firstadopter/post/CuuWTSSuusD?igshid=MTc4MmM1YmI2Ng%3D%3D.
2. Agradeço a Charlie Munger por esta citação.

Este livro foi impresso pela Santa Marta, em 2025, para a Harper Business.
O papel do miolo é Ivory Slim 65g/m² e o da capa é Cartão 250g/m².